湛庐CHEERS

与最聪明的人共同进化

HERE COMES EVERYBODY

打造爆款视频

Break Through the Noise

[英] 蒂姆·斯特普尔斯
Tim Staples
[英] 乔希·扬
Josh Young 著

徐烨华 译

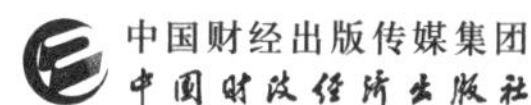

在充满噪声的时代，你如何被看到

无人在意。

你必须认清这一点，这点很重要。没有谁会在意你刚刚发布的视频、你昨晚在社交平台上发布的照片，更没有谁会在意你们品牌刚刚推出的广告。是真的，没有人会在意。

这并不是针对谁。这只是一个令人有些难以接受的事实而已——随着社交平台和数字媒体的爆炸式增长，每天都有数百万条新的帖子诞生。人们为免受信息轰炸的困扰，会自动屏蔽掉几乎所有信息。因此，无论你所发布的信息出发点有多好、设计有多精美，最终都注定会消失于噪声和娱乐信息的海洋之中。这就是互联网世界的现状。

但是，想要引起观众的注意也并非不可能。虽然观众对大多数互联网信息持漠然置之的态度，但大型品牌、小型企业甚至个人都可以打破这种僵局，并使如谷歌、Facebook① 和 Instagram 等所有的主流社交平台为其所用。要引起人们的关注，关键在于理解并利用人类最基本的情感，并熟练掌握在互联网上讲述故事的诀窍。

实际上，想要做到这一点，我们有一套基于经验的实操性很强、效果也很好的方法，其整个过程绝非纸上谈兵。在互联网上讲故事犹如一场革命，不仅使相关广告业的产值于 2019 年突然爆发式增长到 1900 亿美元，还改变了大众媒体的格局。通过阅读本书，你也能掌握这种方法。

我先来做个自我介绍。我的公司超级分享力（Shareability）是一家主营内容和营销设计的公司，我们已经掌握了突破互联网信息噪声的诀窍，使人们不仅愿意观看我们推广的内容，同时还愿意将其分享出去——“分享”是一个能量十分强大的概念。我们制作广受欢迎、不落俗套的视频，可不仅仅是为了让人们点赞的。这些视频所讲述的都是能够引发人们共鸣的故事，旨在激发观看者的冲动，使他们想要立即与朋友们、朋友的朋友们以及未来想结交的朋友们分享。

营销人员向来都知道，最有效的营销方式就是“口碑传播”，但这也是最难做到的。研究表明，大约 90% 的人都会信任家人和朋友的推荐，因此，口碑传播何以被营销界视为“灵丹妙药”也就不奇怪了。多年以来，在传统的营销理念中，人们一直认为难以形成规模化的口碑传播。而如今，由于技术和社交媒体的飞速发展，形成规模化的口碑传播已不再是一个难题了。凭借我们公司设计制作和发布推广内容的实战经验，我们已经找到了有效扩大口碑传播规模的方式。

① Facebook 已于 2021 年 10 月宣布正式更名为“Meta”。——编者注

下面这些数据将能够证实我们的方法有效。我们制作的视频拥有超过 50 亿次的自然播放量、分享次数高达 5000 万，我们还为百事可乐、Adobe、凯悦和奥运会等大型品牌撰写了 10 万多篇软文。许多品牌都梦想着捕捉到精妙的灵感并由此制作出引发众人追捧的“病毒式视频”，然而我们却能够一再地将这个梦想付诸实践，以实际行动碾碎了一路以来的否定之声。

对于中小型和大型品牌而言，这些视频实际上是它们用于寻找新客户并吸引这些客户进行购买的营销工具。通过制作和发布自然分享量最大化的视频和帖子，我们已经开发出了一种使用社交媒体平台来发布视频的方式，并且整体的推广费用大概只占大多数大型品牌广告费用的一小部分。

如今，品牌想要与客户建立有意义的关系，最有效的方式就是在线分享内容。制作有价值的内容，并围绕内容构建互动参与率极高的网络社群，对于一些品牌而言可能意味着数千次播放量，而对于另外一些品牌而言则可能意味着数百万美元的价值。只要你掌握了在网络上讲故事的实际工作原理，那么制作此类内容并与相关社群建立起关系比以往任何时候都更便宜、更有效。

听起来很不错，但是如果你没有成熟的营销队伍或者财力雄厚的投资者为后盾，让你可以去放手尝试和学习的话，那该怎么办呢？这都不是问题。一开始，我们在起步阶段，人力、财力也极其匮乏。实际上，即使一穷二白，你仍然有可能获得成功，因为不论你的品牌是大是小，都有一个通用的原则能够帮助你建立和推广品牌。你无须知道平台的算法有哪些最新的细微变化，因为事实是，互联网领域中的技术性工具常常会发生变化。因此，你所需要知道的是社交平台为何会出现、它们是如何运作的，以及如何使此类平台为你所用等理念。

本书并非想要教授你如何在各类平台上交叉发布内容，也不是关于如何破解算法才能使你发布的视频能够获得病毒式传播，相反，本书的重点是阐述一些理解性的概念。破解算法的方式无时无刻不在发生变化，你不可能时刻追踪主流平台算法的每一个微小的变化。但概念却并非如此，三年前推动我们业务不断向前发展的概念在未来三年内也将同样有效。

理解性的概念是简单明了的。当然，在此之外，制作爆款视频还涉及很多复杂的事情。在本书中，我们将深入探讨当前互联网的运作原理，并为你揭示如何才能确保你所发布的信息能够冲破层层噪声。通过采用本书中涵盖的 9 条法则，我们将教会你掌握并利用“分享力”这一强大的概念，让你了解人们分享事物背后的心理动机，以及如何才能利用有价值的内容来以远远低于传统广告的花销做一次国际规模的推广。

通过理解这 9 条法则，并在发布信息和推广品牌时以合适的方式使用它们，你便可以使互联网为你所用，而不用再毫无头绪地面对新型社交网络。要相信，任何信息都可能被数百万人听到、看到，不管它来自社区活动家、歌手，还是来自一个坐在家里突发奇想的人。

简而言之，如果你想要了解如何将信息传达给数百万人，如何建立一个有影响力的强大品牌，本书不容错过。无论你是一个面对着笔记本电脑苦苦思索如何才能让人们听见你的声音的无名之辈，还是一个想要吸引投资者的企业家；也无论你是一个试图建立客户群的小企业主，还是一个想要一举成名的三线明星，甚至是一家《财富》500 强公司的首席营销官，只要你能理解并利用本书所囊括的“视频化表达的 9 大黄金法则”，它就将帮助你冲破噪声，摆脱信息无人问津的糟糕境况，带领你的品牌抵达你始料未及的高度。

你知道如何打造爆款视频吗?

扫码鉴别正版图书
获取您的专属福利

扫码获取全部测试题及答案，
了解如何打造爆款视频

- 分享从本质上来说是一种自私的行为吗？（ ）

  A. 是

  B. 不是

- 以下哪一个视频内容会最有可能被分享？（ ）

  A. 一则皮包的广告展示了制作皮包的精良细节，并强调了匠人非常资深

  B. 一段你非常喜欢的演员的拍戏花絮

  C. 一则烘焙品牌的广告，展示了最新款蛋糕的制作过程

  D. 一则展示了爬坡性能超群的汽车广告

- 想要观众打开并看完视频，必须起一个具备足够吸引力的标题吗？（ ）

  A. 是

  B. 不是

扫描左侧二维码查看本书更多测试题

目 录

REC

BREAK
Through
the
NOISE

第 1 章

法则 1，你的内容必须具备可分享性

具有可分享性的 3 类内容

BREAK THROUGH THE NOISE

超级分享力不是

冷不丁地将你的信息强塞给别人，

而是首先提升人们的互动参与率，

然后，

再与他们建立起联系。

被我搞砸了。

时值寒冬，我站在马德里的一间旅馆套房外，满头大汗。套房里面是克里斯蒂亚诺·罗纳尔多（Cristiano Ronaldo）——世界足球巨星，全球家喻户晓的人物之一。而他刚刚说希望我出去一下。

我魂不守舍。今天本该是我职业生涯中最意义非凡的一天，但没想到这么快就变成了至暗时刻。当我坐在黑黢黢的走廊上，听着罗纳尔多他们在旅馆套房内用葡萄牙语大声交谈时，我脑海中只闪过一个念头：这次我们提的方案是不是太过分了？

那是在 2015 年，我的公司超级分享力已经在过去几年中顺利开展了几次大型的“病毒式营销”。每完成一次新的视频推广，我们都成功刷新公司视频点击量的历史新高，并获得了越来越多的国际关注。这让我们最终得以结识罗纳尔多的团队，并与他们合作推广新的品牌。

因此，我们与罗纳尔多约在马德里，计划为他的耳机品牌睿响（ROC）进行第一次宣传片的拍摄。一如既往，我们公司打算再创视频点击量的新高。我们不打算拍摄一则常规广告片，而是向罗纳尔多和他的团队提出了一个非常大胆的点子：实录一段他在街头玩足球的视频。我们会先将他打扮成一个流浪汉的样子，然后让他在西班牙人流量最大的广场上以炫技的方式来乞讨。你别忘了，这可是一个广场——通常他是不会去这类地方的，因为只要他走进这类地方，立马就会被人认出来，然后大家定会将他围个水泄不通。罗纳尔多这个级别的超级巨星，大多不敢答应拍摄这种视频，但罗纳尔多的经纪人里卡多是个聪明人，他知道如何才能使罗纳尔多从众多名人中脱颖而出，他同意了这个方案。

但是，当罗纳尔多抵达现场时，情况却发生了变化。为了保证广场上拍摄时的安全有序，我们雇用了 6 名特工，或许是因为看到特工们的严峻面孔被感染了紧张的情绪，也或许只是因为那天心情不好，总之不论出于什么原因，罗纳尔多突然郑重其事地叫停拍摄，并决定重新判断此次拍摄计划是否妥善。于是，我被请到了门外走廊上。

此时此刻，我脑门儿上大汗淋漓，努力保持着镇定。虽然这种状态只持续了几分钟，但给我的感觉就像过了漫长的几个小时。终于，门开了，全世界家喻户晓的罗纳尔多走了出来。他看了我一眼，朝我竖起大拇指，然后穿过走廊向更衣室走去。

拍摄照常进行。

那次我们拍摄的视频《伪装下的罗纳尔多》在发布后立即引起了巨大的轰动。它是自互联网普及以来在最短时间内获得 3000 万次点击量的品牌推广视频，并且最终其累计观看次数超过了 1 亿次。这则视频最终成为当年世界上分享次数最多的名人广告，远远超过了苹果、三星和百事等全球知名品牌的广告点击率，而在此之前，睿响还是一个未广泛为人所知的品牌。

在此过程中，我们还通过这位全球知名度极高的足球明星，将“分享力”的概念传播了出去，并引起了全世界的广泛关注。

分享力既表明了人们在互联网上分享内容的方式，也给出了人们之所以选择分享的原因。品牌若想在互联网上创造有意义的传播，就需要将这个概念作为核心。我本人十分相信这一点，并因此将公司命名为“超级分享力”。本书将教会你如何利用分享力的力量，来获得丰硕的成果。但是若想真正理解这个概念的含义，我们首先必须厘清品牌推广的发展史，并认清我们所生活的现实世界。

单向传播

早在 30 年前，互联网还没有诞生的时候，我们生活在一个与如今截然不同的世界里。那时候，电视是主要的传播媒介，而我们如今视为理所当然的事情，如在手机上制作并分享文字、视频等内容，听起来就像是科幻小说中才会出现的桥段。在 1989 年，如果你想面对本国或国际受众传播信息或推销产品，基本上只有一种选择，即找一家昂贵的制作公司，制作昂贵的广告，然后花数百万美元在电视或广播上投放广告，将信息传达给受众，而他们能否接收到广告信息，则取决于他们是否恰好收看了你播送广告的电视频道。

如果你没有那么多的预算该怎么办？那基本上就没有其他宣传渠道了。在那个年代，不论是电视、广播，还是印刷品和广告牌等，所有的媒体传播渠道都是由大型媒体公司所控制的，任何人想以任何方式传播信息，都需要向他们支付高额费用。只有那些知名的品牌或者极为富有的人，才有财力使用相应的设备来制作符合电视播放质量的视频内容。

由于只有知名品牌才有能力在传统媒体上投放广告，这使得广告投放基本上属于一个垄断市场。在 20 世纪八九十年代，大型品牌几乎每年都需要花费数亿美元投放广告，而《财富》500 强公司在传统广告上花费的金额则高达数百亿美元，并且这些广告投放费用几乎都花在了电视渠道上。例如，在 2000 年，通用磨坊公司（General Mills）① 将其 94% 的广告费用花在了电视广告上，可口可乐公司的电视广告费用占总广告费用的 87%，安海斯 - 布希公司（Anheuser-Busch）② 的电视广告投放量占总广告投放量的比例则为 86%。

这种状况使创新和品牌竞争变得很难，因为高昂的门槛使新的品牌或广告创意很难进入市场。简而言之，小品牌根本无法获得大面积推广的渠道，更不用说个人了。

随后，新技术和互联网的应运而生改变了一切。诸如 TiVo 之类的数字录像设备使得人们可以轻松地跳过电视台插播的广告。随着互联网的不断普及，人们的注意力逐渐转移到网上，电视收视率也就出现了缓慢而稳定的下降。实际上，互联网是最大的平衡器。在人类历史上，人们第一次有机会使用如此强大的传播渠道，去将自己想要发布的信息传播给全国甚至全世界的受众。

随后，技术的突飞猛进又使数百万人能够人手一部智能手机。这直接使移动设备上的视频观看量激增。尤其是千禧一代，他们会花大量时间接收手机上的各种内容，并且相较 30 分钟的电视节目而言，他们更倾向于观看 3 分

---

① 通用磨坊公司：美国最大的上市食品制造企业之一，其产品广销全球，主要品牌包括哈根达斯、贝蒂妙厨等。——编者注

② 安海斯 - 布希公司：于 1852 年创立，总部位于美国密苏里州圣路易斯市，旗下有世界最大的啤酒酿造公司之一。安海斯 - 布希公司出产的百威啤酒名扬世界，深受各国消费者喜爱。——编者注

钟的短视频。智能手机基本上可以视为便携式电影制片厂，人们不仅可以利用手机制作专业级的视频，还可以将其发布到新兴的传播渠道——互联网社交平台上。对于广告界的守旧派来说，这无疑带来了很强的冲击。

从Facebook、YouTube等大型平台，再到Hulu①、色拉布（Snapchat）②和Thrillist③ 等小众平台，新世界的大门已然开启，这使许多知名品牌在面对这种急剧的市场变化时感到十分困惑、茫然无措。没有了可靠的电视广告为这些品牌做大力宣传，《财富》500 强公司的品牌识别度开始不断下降。造成这种局面的根源在于，此类知名公司并不知道如何与消费者建立联系。在过去的几十年中，它们一直靠着巨额广告投放费来向消费者进行单向传播，但它们从未真正触动过受众。如今，人们有了更多的选择权，那么无法触动人们的信息就是无效的信息。

哪里混乱，哪里就孕育着机会。对于营销界人士来说，这种局面无疑给他们提供了自电视问世以来最大的机会，即通过互联网直接与人们展开互动。互联网使内容的传播变得更加民主，任何人都可以利用互联网向其他人传播内容。

有一段时间，新世界的秩序简直让人尝尽了甜头。在互联网内容发展初期，竞争并不激烈。YouTube 于 2005 年问世时，该平台面临的最大问题是视频量太少了。当时，距离 iPhone 问世还有两年，Facebook 也仅局限于大学生们使用，而品牌自己制作视频并发布在此类平台上的想法依然显得不切实际，更不用说普通人会想要这么做了。因此，当时网上的大部分内容都比

① Hulu：美国的一个视频网站。该网站由美国国家广播环球公司和福克斯在 2007 年 3 月共同注册成立。——编者注

② 色拉布：斯坦福大学两位学生开发的一款“阅后即焚”照片分享应用。——编者注

③ Thrillist：美国一家面向青年人的自媒体网站，以内容来推动产品的网络销售。该网站成立于 2004 年，总部位于纽约市。——编者注

较乏味，制作得也相对粗劣。这就使得一旦某个品牌或者某个人制作出了非常精良有趣的内容，就会引起广泛关注，人们也会四处分享该内容。

人们会观看视频并与朋友分享，使受众数量激增。反过来，YouTube 平台又会通过算法进一步筛选出适宜优先展示的内容，从而使观看次数和人们的互动参与率再次上升。一旦数以百万计的人观看了某个内容，博客和其他一些数字媒体就会蜂拥而至，将其描述成网络上“最新的流行趋势”或“最酷的事物”，从而再度将观看次数和互动参与率推至一个更高的水平。

这种传播方式是一个既简单又令人着迷的循环。只要视频足够独特，它就能以前所未有的速度在网络上传播开来，人们甚至创建了一个新的术语来描述这种传播方式——“病毒式传播”。

从病毒式传播到可分享性传播

在“病毒式传播”出现之前，“病毒”仅仅意味着生物病毒。这些必须在活细胞内寄生的微生物不仅具有感染宿主的能力，更重要的是它们还可以传染给新的宿主。如此微小的生物竟然可以如此迅速地传染许多人，这很难不令人印象深刻。因此，当短视频像野火一样开始具有燎原的传播之势时，人们立马就想到并采纳了“病毒”一词来描述它，且一直沿用至今。在现代的时代精神里，“病毒式传播”的概念根深蒂固，甚至人们听到“病毒”一词时，通常最先想到的是视频，其次才是传染性疾病。

2008—2015 年，互联网上激增了数亿用户，“病毒式视频”也随之大热起来。人们开始通过电子邮件或短信将短视频或其链接发送给朋友们：“哇！这视频太酷了！你一定得看！”然后，一传十，十传百，依此类推，这种传播速度非常之快，甚至如果有人发觉自己没有看过某个大热的视频，会立刻忍不住搜索来看，不然就会觉得自己“落伍”了。

早期的 YouTube 主播们所取得的成功，改变了知名品牌独占鳌头的局面。由于千禧一代的成长几乎没有离开过智能手机，传统电视对他们的吸引力十分有限，而令他们更感兴趣的是互联网上更加新颖独创、不同寻常的内容，这就使得新一代的自媒体明星应运而生。年轻人觉得自己慧眼识珠，正在不断发现新的主播，而不是被动接受那些根本无法接触得到的媒体公司强推给他们的明星。这种身为“伯乐”的感觉也助长了这一发展势头，对于主播们能否获得成功，观众掌握了更大的话语权。

当这些 YouTube 主播重新定义了成为名人的可能性时，各种品牌也随之加入其中，开始制作一些病毒式内容、建立粉丝社群。在互联网上进行品牌推广的关键就在于病毒式传播，使传播的内容受到尽可能多的关注。于是，知名品牌开始往互联网上砸钱，试图花百万美元使其广告达到病毒式传播的效果。

2005 年 4 月 23 日，YouTube 上出现了第一个上传的视频，当时还没有多少人拥有摄像机，而使如今的快速搜索成为现实的“宽带”系统也还没有普及开来。而到了 2018 年，全球 YouTube 的用户已经超过 13 亿人，每天的视频观看量高达 50 亿次；同时，用户们还在不断上传新的内容，网络速度高达每分钟可上传总时长达约 300 个小时的视频。每个人触手可及的内容都如此之多，使整个世界变得格外嘈杂。人们被各种内容持续轰炸，每天接触到的在线广告就有 5000 个之多。

对于品牌而言，这无疑又是一个棘手的问题。大多数人不仅厌倦了传统广告，对其形成了充耳不闻的免疫力，而且变得非常老练，善于过滤自己不感兴趣的内容。在 Facebook 这类平台上，人们会像 Tinder① 上的约会老手一样，根据瞬间的直觉快速滑动屏幕，同时准确找到自己想要观看的内容。在 YouTube 上，人们唯一观看广告的时间段就是等候“跳过”按钮出现的间隙，还有三秒……两秒……一秒，随即扫一眼，立刻点“跳过”。同时，一些主要社交网络上算法的变化，也限制了观看所发布内容的人数，各种因素结合在一起，你会开始意识到要引起人们的关注并非易事。

具有讽刺意味的是，当所有人都试图引起他人的关注时，恰恰没有人能够真正做到这一点。在这个网络上的任何事物都会被迅速遗忘的时代，即便是病毒式传播，其价值也变得越来越小了。

还记得那个在科尔士百货公司（Kohl’s）买了“星球大战”系列作品中的人物楚巴卡（Chewbacca）面具的女人吗？2016 年，她曾坐在车里拍了一段自己戴着面具大笑不已的视频。该视频一度成为 Facebook 上点击量最大的视频，共有 1.62 亿人观看，其观看量是当年点击量居于第二名的视频的两倍还不止。

当时，她迅速在互联网上引起了巨大的轰动，并被邀请到《深夜秀》（*The Late Late Show*）上做嘉宾，同时还有各种想要蹭热度、借其名声做宣传的公司给了她数千美元的广告费。但是，她的知名度仅仅维持了两周。随后，她就回归到原先正常的生活之中，而如今，人们也很难再想起她的名字了。有时，病毒式传播带来的仅仅是一场热闹过后的虚无。

那么，品牌究竟应该如何适应当今的互联网世界呢？又将如何冲破层层噪声的阻碍，脱颖而出呢？答案很简单：获得超级分享力。

---

① Tinder：国外的一款手机交友 App，作用是基于用户的地理位置，每天“推荐”一定距离内的四个对象。——编者注

超级分享力意味着你所制作的内容对于观看者来说极具价值，让他们感到有必要将其分享给朋友们。这种思维模式将受众放在第一位。品牌在尝试做任何推广之前，要先与受众建立起联系，这与传统广告的运作方式在本质上正好相反。正如本书将向你阐述的那样，提升知名度，理解分享力并致力于提升受众对视频的分享次数，将会成为你能为品牌做的最有价值的事情。

如果你不相信我所说的，大可以问问发布“艾森伯格‘赢得媒体’价值指数报告”（Ayzenberg Earned Media Value Index Report）的艾森伯格集团。该公司为了量化社交媒体上用户的反应对品牌所产生的价值，在发布的报告中将人们的不同反应以金额的形式体现出来，具体囊括了人们在各种不同的社交平台上的所有反应，如点赞、分享或者评论等。比如，他们在 2018 年的报告中指出，在轻博客网站 Tumblr 上的“单次分享”价值 2.58 美元，在 Facebook 上的“单次分享”价值 2.14 美元，在 Twitter 上的“单次分享”价值 1.67 美元，在 YouTube 上的“单次分享”价值 0.91 美元，而在 Pinterest 上的“单次分享”价值则仅为 0.10 美元。

用户们的分享行为是所有品牌梦寐以求的行为，这通常意味着最高的品牌溢价和最大化的价值。因为分享这一行为能够将用户变成品牌推广大使，使他们能够积极地向自己的朋友推广该品牌。这种“口碑传播”一直都是广告界的黄金法则，因为它最有意义。

超级分享力意味着能够使人们集中精神、关注信息，而不是点击关闭或者滑动屏幕刷过去。

所有社交平台都是基于分享的概念建立起来的，因此社交平台都会推广一些用户乐于分享的内容。如果你的品牌信息制作得足够精良，社交平台上的用户同样会乐于分享。

这是一个动态性极强的概念。人们会分享你的品牌信息。这便是口碑营销的终极形式——让人们自愿为你推广。你要做的是为他们提供一些有价值的事物，并把你的品牌信息恰如其分地植入进去，然后他们便会与朋友分享该事物，并且说："嘿，快看，我发现了一个超酷的东西！"

你就是他们的新发现，没错就是你。试想一下：你制作的广告不再是他们瞬间滑过去的广告，相反，你制作的广告是他们在海滩上发现的漂亮卵石，是他们喜欢的新流行趋势，是所有新事物中最耀眼的存在。

病毒式传播逐渐演变成了超级分享力。病毒式传播仍是一种极为优秀的传播方式，但如今已经越来越难以实现，而且其传播效果也越来越难以控制。超级分享力则具有可预测性和可以量化的价值，并且它同样能够使信息受众呈指数级增长。

虽然病毒式传播并没有完全失去其魔力，仍可以发挥一定的作用，但我们已经不再将其视为内容传播的终极目标了。**在品牌推广的各种有效机制中，病毒式传播将始终占有一席之地，然而盲目追求病毒式传播已经成为过去。如今，品牌推广的重点在于分享。**分享能够不断推广品牌信息，为品牌提供竞争优势，并使品牌不断成长。

人们乐于分享的 5 类内容

现在我们已经了解了分享力的重要性，接下来我们就来研究一下能够在互联网上获得广泛分享的内容类型。这种研究不能完全按照字面意思来理解，因为某些类型的内容可能与你的品牌没有太大关系，或者你执行起来并不现实。但是，以往的成功案例能够帮助你理解互联网的运作机制，或许还能够给你带来一些关于未来它又将如何运作的启示。

病毒式传播在网络上还处于鼎盛时期的时候，有 5 类内容长期占据 YouTube 点击量排行榜前几位。

第一类，音乐视频

在 YouTube 平台成立之初，音乐视频就占了平台的大半壁江山，其总观看次数高达数千亿。在互联网出现之前，从音乐电视（MTV）时代开始，音乐艺术家和唱片公司几十年来一直围绕着流行歌曲制作音乐视频短片，因此他们早已熟练地掌握了利用 3 ～ 4 分钟的视频来讲述音乐故事的技巧，而这种视频时长恰恰是 YouTube 平台最理想的时长。考虑到唱片公司为制作这些音乐视频提供了巨额预算，同时知名艺人在宣传音乐视频时发挥了名人效应，也就不难理解为什么音乐视频和互联网会是强强联合，起到相得益彰的效果。

事实上，在 YouTube 上观看次数首次突破 10 亿的视频就是一则音乐视频。那是在 2012 年，韩国说唱歌手 Psy（朴载相）以一首《江南 Style》席卷了互联网。吉尼斯世界纪录将之评为“2012 年度 YouTube 上点赞次数最多的视频”。

如果你想要以案例的形式来研究分享力，那么由 YG 娱乐公司于 2012 年 7 月 15 日在 YouTube 上发布的《江南 Style》不失为一个绝佳的案例。在如今这个时代，每位艺人都十分重视自己的人设和音乐，而 Psy 却反其道而行之，不仅拿自己开玩笑，还将流行乐坛上存在过的所有陈腔滥调拿来取乐。他在这么做的同时，还给观众们带来了一曲悦耳易记的音乐和一系列荒谬好笑、简单易学、滑稽有趣的舞蹈动作。这也就不难理解，为何这首歌和歌手 Psy 能够引起全球范围内的轰动了。《江南 style》不仅在 30 多个国家的音乐排行榜上位居榜首，就连时任美国总统奥巴马在白宫与时任韩国总统会晤时，也将其称为韩国文化的有力象征，甚至连奥巴马自己都尝试了这首歌的舞蹈动作呢。

第二类，可爱宝宝的视频

此类视频大多与宝宝有关，但也不限于此。更确切地说，这类视频主要记录的是人们言行中那些可爱、有趣、令人难忘的事情或话语。

我们可以将此类视频视为 YouTube 版的《欢笑一箩筐》(*America's Funniest Home Videos*)①，人们用这些视频来与他人分享那些令人惊讶的温馨时刻。在 YouTube 上有一则观看次数最多的非音乐视频，就是一个极佳的例子。这则视频的标题为《查理又咬我的手指啦！》(*Charlie Bit My Finger — Again!*)，在该视频中，一个名叫哈利的小男孩坐在椅子上，而他的弟弟查理坐在他的腿上。视频刚开始时，查理轻轻咬住哈利的手指，哈利还笑个不停。但随着视频内容的推进，查理咬得越来越重，哈利痛得大叫，眼泪都出来了，他对自己年幼的弟弟说了句令人十分难忘的话："查理！真的好痛啊！"而查理根本不懂哥哥在说什么，还在笑个不停。视频结尾时，哈利也笑了，整个视频充满了美好又温馨的兄弟情，任何为人父母者都能感同身受。该视频迅速在互联网上传播开来，获得了 8.8 亿次观看量，还有许多人针对它进行了混剪和模仿等二次创作。

第三类，"令人震撼"的视频

这类视频向我们展示我们前所未见的、令人敬畏的大胆行为。

在 YouTube 成立早期，这一类别的视频囊括了许多极限运动。显然，在世界范围内，人们一直将体育竞技中展现出来的精神视为民族精神的重要组成部分，包括英式足球、美式足球、棒球、篮球、曲棍球、高尔夫和赛车等在内的传统运动赛事，在过去的几十年中一直是电视节目的"主力军"。

---

①《欢笑一箩筐》：美国广播公司（ABC）的一个综艺节目，1990 年 1 月 14 日开播。——编者注

获得最高收视率的电视节目通常都是此类体育赛事：美国职业橄榄球大联盟年度总决赛超级碗大赛平均每年在美国吸引 9000 万名观众观看，而世界杯和奥运会在全球范围内吸引的观众则更多。

但是在 21 世纪初，滑板、自行车越野和单板滑雪等新型运动突然在年轻观众中大受欢迎，但传统的电视节目对此类新兴运动的曝光却很少。能量饮料“红牛”率先填补了这一空白。他们开始大力倡导极限运动，并围绕年轻运动员挑战极限运动来制作极具分享力的视频，如骑自行车在空中翻转、跳崖运动、高空跳伞运动等。这一策略产生了惊人的影响力，不仅使其视频获得了数十亿次的观看量，还使红牛一举成为世界上最成功的饮料品牌之一。每一次成功，都让红牛所制作视频的内容变得更加大胆。于是，在 2012 年，他们推出了一则令人极为震撼的视频，标题为《费利克斯·鲍姆加特纳从近 3.9 万米的高空做超音速自由落体运动》（*Felix Baumgartner's Supersonic Freefall from 128k.*）。在这则视频中，勇敢无畏的鲍姆加特纳借由氦气球抵达高空，并从平流层纵身一跃而下，飞向地球。我实在想不出比这更具有分享力的标题了！

第四类，恶作剧视频

该类视频在 YouTube 成立初期就非常受欢迎，至今依然如此。所有人都知道人们喜欢惊喜，而早期的 YouTube 主播们发现，捕捉人们对意外事件的反应，简直就是引爆点击量的黄金法则。最初，这类视频的恶作剧都相当简单，如《史上最佳恶作剧！！！》（*Best Scare Prank Ever!*）。该视频发布于 2006 年，一个名叫安迪的家伙戴着一张面具，穿着连帽衫，悄悄地躺在他熟睡的朋友身边，当他朋友醒来时，吓得七魂丢了六魄。

随着这一类别的视频的发展，门槛也随之升高，恶作剧类别的主播们为了在日益激烈的竞争中获胜，也不断将该类别的视频内容推向极限。深夜脱口秀的节目主持人吉米·坎摩尔（Jimmy Kimmel）曾设计了一个恶作剧，即在万圣节后的第二天，在孩子们毫无准备的情况下，让父母告诉孩子们，他们已经吃掉了所有的万圣节糖果。孩子们的反应简直太有意思了，使该视频合集的观看量一下子飙升至 6000 万次。

在过去的 10 年中，恶作剧视频已累计获得了数十亿次的观看量，并使像杰克·维尔（Jack Vale）和罗曼·阿特伍德（Roman Atwood）这样的普通人成为拥有数百万资产的知名主播。

第五类，喜剧视频

喜剧视频仍然保持着强劲的势头，已经成为线上最受欢迎的视频类型之一，在具有超级分享力的内容中，喜剧视频的占比也很大。该类型所囊括的形式十分广泛，不仅包括单口喜剧演员的剪辑片段，还包括深夜脱口秀主持人的单独演出，以及一些业余演员表演的滑稽闹剧等。互联网上许多新的喜剧形式，其早期创新者大多来自社交平台 Vine。①

金·巴赫（King Bach）就是从 Vine 平台一举成名的演员之一。他出生于加拿大多伦多，父母是牙买加人，后来他前往美国洛杉矶打拼，并最终加入了 Groundlings 剧院。他的视频都是前卫、滑稽的闹剧、喜剧，素材虽然取自现实生活，但总能得出一些夸张的、不合逻辑的结论。Vine 上的视频长度限制在 6 秒，因此巴赫所拍摄的快闪风格视频十分适合 YouTube 上年轻人的口味。由于擅长制作这类视频，他逐渐获得了超过 1500 万名关注者，成为 Vine 上的头号明星。随后，巴赫在 Vine 上的成功逐渐延伸到了 YouTube 和 Instagram 平台上，他最终得以跻身传统媒体明星的行列，参演了《谎言屋》（*House of Lies*）等电视剧和《五十度黑》（*Fifty Shades of*

① Vine：微软公司开发的基于地理位置的社会性网络软件，类似于 Twitter 服务。——编者注

Black）等恶搞喜剧电影。目前，在社交媒体上最受关注的非裔美国艺人榜单中，他位列第二名，仅次于凯文·哈特（Kevin Hart）。

深夜脱口秀主持人也通过在互联网上发布喜剧短片而大获成功。在过去 10 年里，以雄厚的电视节目资金预算以及众多明星嘉宾为后盾，脱口秀主播创造了一些极具分享力的视频。其中还有主播自创了一种令人印象极为深刻的自嘲形式——“明星阅读刻薄推特”，在这个节目环节中，做客的明星嘉宾需要面对摄像头阅读关于他们自己的真实且刻薄的推文。主播在其节目中也设置了“明星假唱大赛”的环节，在该环节中，明星嘉宾需要以边舞蹈、边对口型假唱的方式演绎一首知名歌曲，以此来判定其能否取胜。这些视频都非常火爆，甚至使美国有线电视频道斯派克电视台（Spike TV）出了一档《假唱大比拼》的衍生电视节目。

虽然上述类别的视频使许多人名利双收，但请你记住，它们或许并不适合你，因为大多数品牌可能不会对客户实施恶作剧行为，也不会尝试让极限运动员从平流层纵身一跃。即便是喜剧类的视频，对于许多公司而言也并非易事。

而且请不要忘记：在互联网早期，很多内容都是十分幼稚可笑的（这样说已经算是客气的了）。在 2010 年之前，大多数观看次数和分享次数都颇高的视频，无非就是拍摄了人们从飞机上跳下来或者有人的裆部被狠踢了一脚这类内容。如今，第二波互联网内容更具生产力，人们不仅从中获得学习的机会，受到一些启发，还能看到人性的闪光点。而品牌在做推广时，会更广泛地利用这些内容的主题。

好内容自己会引人分享

幸运的是，互联网已经不断拓展并逐步走向成熟。就具备分享力的内容而言，有几种颇受欢迎的新形式就十分适用于品牌推广。其中最主要的形式包括励志类视频、教育类视频，以及向观众释放善意、传达善意（Good Samaritan）的视频。

TED 演讲是励志类内容的早期开拓者之一，其主题主要围绕技术（Technology）、娱乐（Entertainment）和设计（Design）三方面展开，这也正是 TED 名称的由来。TED 演讲吸引了不少相关领域的知名人士，其中包括埃隆·马斯克、比尔·盖茨和斯蒂芬·霍金等。TED 演讲在引人深思、激发灵感的同时，还经常为观众提供实用的信息和指导方案，有些甚至能帮助人们有效应对常见的困境。

对于具有超级分享力的 TED 演讲来说，西蒙·斯涅克（Simon Sinek）① 于 2009 年发布的标题为《伟大的领袖如何激励行动》（*How Great Leaders Inspire Action*）的视频就是一个极佳的例子。当时，在华盛顿普吉特海湾举办的 TED 活动上，斯涅克还籍籍无名。视频中的他站在演讲台上，身后只有一个贴了白纸的画架，手中只有一支黑色记号笔。斯涅克向观众提出了一个非常简单的问题：为什么有些人和组织会更具创新性、影响力和盈利能力？随后他引出了他称之为“黄金圈法则”的观点，并以史蒂夫·乔布斯和马丁·路德·金等人为例，揭示了他们之所以能够获得成功，就在于他们都认识到了，人们只有真正了解了某项产品、某个运动和某种理念之后，才会去购买这项产品、参与这个运动、相信这种理念。虽然斯涅克的视频制作成本极低，他只在身后画架上的大白纸上划了几个圆圈，但其中所蕴含的智慧却是宝贵的。该视频不仅获得了 4000 多万次的观看量，还使斯涅克平步青云，写作事业蒸蒸日上。

---

① 西蒙·斯涅克是国际知名演说家，其领导力演讲在 TED 演讲中排名第三位，极具影响力。他著有畅销书《如何启动黄金圈思维》《无限的游戏》，其简体中文版已由湛庐策划，分别由浙江人民出版社和天津科学技术出版社在 2019 年和 2020 年出版。——编者注

教育类的视频无须过多解释，其内容涵盖的范围也比较广泛，包括目的在于教授观众某些特定科目的视频，或使观众对某个主题了解得更加深入的视频。这听起来可能很无聊，但一些十分聪颖的主播已经利用教育类视频，通过极有意思且具分享力的方式，向观众们传递了颇有价值的信息。

由来自堪萨斯的教育家迈克尔·史蒂文斯（Michael Stevens）在 YouTube 上所创建的科普类频道 Vsauce，就能够很好地说明这一点。史蒂文斯想出了如何以既有趣又能引发思考的方式，来深入探索和调查数学、心理学和哲学等领域中一些“非同寻常”的问题。他的视频大多是以问题为标题，例如“黑暗的速度是多少？”或者“如果没有大脑，你能够做些什么？”，致力于以一种具有科学性和创造性的思维来反思我们看待世界的方式。史蒂文斯独具一格的个人魅力使他在全球范围内广受欢迎，2018 年，Vsauce 频道的订阅用户达到了 1300 万人。

另一个 YouTube 热门频道“每天变得更聪明”则是以另一种方式来制作教育类视频的。该频道由一位名叫德斯汀·桑德林（Destin Sandlin）的美国工程师于 2007 年创建，视频主要以科学的眼光来探索日常生活。桑德林所制作的视频囊括了诸多主题，其中包括文身的工作原理、为什么猫能够在空中翻身以及马桶旋涡方向的真相等。他的视频都极具感染力，并获得了超过 4 亿次的观看量。

2016 年，我的公司超级分享力与饶舌诗人 Prince Ea 在开展公共教育方面达成了合作，并由此迈出了一大步。Prince Ea 的真名叫理查德·威廉姆斯（Richard Williams），是一位语言艺术家，他所制作的视频大多以传递的信息为主导，并且，他在 Facebook 上已经有很多关注者。我们联手的项目由芬兰能源公司耐思特（Neste）资助，重塑教育是该公司的慈善使命之一。

我们采用的标题十分大胆——“让失败的美国教育制度接受审判”。

Prime Ea 为此写了一首饶舌诗，标题为《我要控诉现代教育制度！！》（*I Just Sued the School System!!*），我们还一起拍摄了一则视频，视频中，他作为法庭上的公诉人对美国现代教育制度提出控诉。“陪审团的女士们、先生们，今天我要控告现代教育制度。”他在开场的时候如此说道。

独特的信息，结合大胆的语言和令人惊叹的视觉效果，使这则视频在互联网上产生了巨大的影响。这一视频在互联网上不断被人们转发，最终获得了 3.5 亿次观看和 900 万次分享，成为互联网有史以来分享量最多的公益宣传片。该视频的成功证明了，即便是看起来最为无聊的主题，如果能够以有趣的方式来呈现，也可以引发人们的广泛分享。这些成功还意味着，对于公司、基金会和活动家们而言，此类视频无疑是一种新的宣传途径。如今他们能够利用赞助的方式来支持视频的制作和分享，以这种方式来使一些容易遭受忽视的社会问题引起全社会的关注。

只要表达形式得当，教育类的内容同样能够富有活力并具有超级分享力，这也是为何此类视频如今已经成为互联网上增速最快的视频类型之一的原因。

释放善意的视频则是指“好心人”让人感受到善意和爱的视频，这些视频展示了个人或团体竭尽所能来帮助他人、改善他人生活的内容。在过去的几年中，这类视频正逐渐变得热门。

在早期视频中，一个很好的善意视频的例子，是由一个名为“PeaceOnEarth123”的主播在 2006 年所拍摄的标题为《自由拥抱行动》（*Free Hugs Campaign*）的视频。在该视频中，一个戴着眼镜、身穿运动外套、脸上长满胡子的年轻人来到一个公共广场上，举着标有“自由拥抱”的牌子。视频中的他尴尬地在人群中走来走去，而人们要么选择无视他，要么就是在与他相向而行、擦肩而过时笑一笑。而当一位老太太停下脚步，对他说了一些善意的话语并给了他一个拥抱之后，人们的反应发生了急剧的变化。一时间，善意的闸门被打开了，每个人都走过来拥抱他，氛围顿时变得既狂野又欢乐。该视频的配乐是一首来自 Sick Puppies 乐队的歌曲，目前该视频已获得超过 7000 万次观看，可见一些小小的善举确实可以引起大规模的反响。

我们公司尤其喜欢善意类型的内容，在与现代公司、美国电话电报公司（AT&T）和 Adobe 公司等品牌的合作中，我们利用该类型的视频取得了巨大的成功。在做过的推广营销活动中，我最喜欢的是我们为 Adobe Photoshop 设计的活动，活动的重点在于对遭飓风“哈维”[①] 摧毁的休斯敦部分地区受害者伸出援手。我们将视频发布在了 Facebook 上，标题为《哈维飓风修复项目》（*Hurricane Harvey Restoration Project*）。由于洪水淹没了该地区许多家庭，导致很多珍贵照片遭到浸泡和破坏，视频中的高中生们使用 Adobe Photoshop 软件，为受飓风影响的家庭修复或恢复珍贵的照片。随后，高中生们将新裱框好的照片呈现给照片的主人们，看到他们惊讶和欣喜的表情，学生也像他们一样，流下了激动和喜悦的泪水。该视频的观看量一下子飙升至超过 700 万次，引得全国知名媒体争相报道。我们也通过视频提醒了人们：在需要共克时艰的时候，即便是很小的善举，也能够发挥出巨大的力量。

简而言之，有很多方法可以使内容具有超级分享力。流行趋势总是处于不断变化之中，但是通过研究自己过去的及他人的成功案例，你就可以不断改善自己的策略，并制作出最有可能获得成功的内容，使观众们不仅愿意观看而且想要分享给自己周围的人。

想要在互联网上获得成功，深入理解并利用分享力原则将是你手中最重要的工具。如果你想扩大信息覆盖范围，找到愿意为你的产品或服务投入资

---

① 飓风“哈维”是 2017 年大西洋飓风季中的一个热带气旋。2017 年 8 月 25 日，登陆美国得克萨斯州沿岸，美国总统宣布得克萨斯州进入自然灾害状态。——编者注

金或精力的受众，那么，吸引人们来分享你制作的内容就是至关重要的一步。我们常说，分享力是营销界的不二法宝，因为当人们分享时，就意味着他们在乎、关心。而当他们关心某样事物时，通常就会为之付费。有时你需要对这种方式的有效性抱有坚定的信心，因为收获可能会来得比较迟。这种方式不是冷不丁地将你的信息强塞给别人，而是首先提升人们的互动参与率，然后，再与他们建立起联系。从这个角度来看，超级分享力在本质上其实正好处于传统广告的对立面，我们可以将其称为“反广告”的。**广告是一条由品牌到客户的单向道，而分享则是一条多向高速通道，在这条通道中，人们会向自己的朋友们推荐品牌，品牌则通过这种方式来吸引新的客户，不断扩大其受众范围。**

如果在阅读完本书之后，你只记住了一件事情，那么我希望你记住的是：打造超级分享力。

打造爆款视频的策略　BREAK THROUGH THE NOISE

具有可分享性的3类内容

- **励志类视频。**在引人深思、激发灵感的同时，励志类视频为观众提供实用的信息和指导性方案，甚至旨在帮助人们应对最常见的困境。
- **教育类视频。**通过独特的信息，结合大胆的语言和令人惊叹的视觉效果，教育类视频同样能够富有活力并具有超级分享力。
- **释放善意的视频。**释放善意的视频提醒了人们：在需要共克时艰的时候，即便是很小的善举，也能够发挥出巨大的力量。

● REC

BREAK
Through
the
NOISE

第 2 章

法则 2，让用户在分享后感觉良好

具有可分享性的 5 种核心情感

BREAK THROUGH THE NOISE

人们之所以点赞或分享

互联网上的某个内容，

并非是为了他人，

而是为了定义自己，

为了建立自己在他人心目中的形象，

为了使自己获得良好的感受。

既然你已经了解了分享力的重要性，并且已经阅读了一些具有分享力的内容案例，那么让我们来探讨一个更深层次的问题：人们为什么要分享？

若想使你的内容实现有机传播，理解上述问题至关重要，而人们分享的真实原因可能会让你感到惊讶。在我们以往的经验中，人们之所以分享，只有一个共同的原因：自私使然。

等等！难道分享不恰恰是自私的对立面吗？没错，分享的行为确实是无私的。毕竟，分享意味着关心。但你之所以分享，其原因完全是自私使然。我们以一个慷慨的分享行为为例。假设你将三明治切成两半，将其中一半分给需要的人。这种行为很无私，对不对？特别是如果你在分享的时候自己也十分饥饿，而且买三明治的钱是通过辛苦工作才挣来的话，这种行为就显得更加无私了。你刚刚做了一件特别棒的事情，现在，你感觉如何？我敢打赌，整件事让你感觉非常好。那么你认为，你与别人分享你的三明治是因为这将有益于他人，还是因为这种行为使你自己感觉良好？如果你能坦诚作答的话，我想答案应该是后者。

研究表明，对于施予者而言，给予带来的感觉总比接受要更好。2017

地站在潜在受众的立场上，来思考他们能够从分享我们所制作的内容中获得何种价值。

假设某个品牌制作了一则传统广告，以此来宣传其护肤系列新产品的优质特征。他们使用了最新款的相机、最前沿的灯光技术，把整个视频拍得十分精美，并向人们传达了该系列产品的优异之处。人们会分享这个广告吗？显然，受众分享该视频对公司来说绝对能够获益，但对于一个来自密尔沃基市（Milwaukee）的女孩来说，她从分享视频中又能获得什么益处呢？她有什么理由去分享该视频？显而易见，答案是她大概率不会分享。许多品牌显然还并不了解分享的动态机制。

此处并非是要针对谁，但我们可以以在美国本土非常受欢迎的休闲服装品牌 J.Crew 作为例子。谁会不喜欢这样价格合理、穿着合身又十分耐穿的衣服品牌呢？近年来，J.Crew 凭借其 Ludlow 系列西装和更加修身的女装，已经成为许多年轻职场人士的衣服品牌首选。因此，该品牌具有一定的信誉基础，理应能够创造出千禧一代乐意分享的内容。然而去年，J.Crew 在 Facebook 上发布了一段视频，其中展示了其 Slim Perfect 系列的 T 恤，在我看来，这段视频就是一个无聊的广告。视频中，一个人滔滔不绝地谈论着该 T 恤有多合身，使用了何种类型的面料。结果呢？在 J.Crew 的 180 万名关注者中，只有一人分享了该视频。哦，它还有一条评论，该评论言简意赅："垃圾。"这个评论总结得还是十分到位的！

现在，我们将上述视频与几年前我们为一家名为 Freshpet 的宠物食品公司所设计的品牌推广活动进行对比。当时，我们推出的视频标题为"猫狗圣诞宴"（Freshpet Holiday Feast）。Freshpet 是一家总部位于新泽西州的公司，专门生产全天然宠物食品。实际上，该公司所生产的都是极为新鲜的，甚至需要冷藏的宠物食品。而这一点，本身就是一个极具分享价值的产品概念。事实上，Freshpet 也是最早要求美国排名前两位的零售百货集团沃尔玛和塔吉特（Target）等各大型零售超市在宠物食品区设置冰箱来存放其产品的公司之一。

与 J.Crew 类似，Freshpet 的产品质量也十分可靠，顾客们也给予了很高的评价，并由此赢得了一批品牌忠诚度颇高的消费者群。但是，Freshpet 所面临的问题是品牌知名度很低。为了解决这一问题，该公司尝试投放了一些传统广告，这确实使他们的境况稍有改善，但是他们却没有足够的预算来获得进一步突破。

当该公司雇用我们时，我们自问："爱犬人士喜欢在互联网上观看何种视频？"请注意，我们首先提出的问题并不是"Freshpet 产品的哪些优势是互联网用户们喜闻乐见的"，这类问题稍后才会出现。我们经过研究发现，爱犬人士最喜欢观看那些宠物们做出像人一样行为的视频。从这个思路出发，《猫狗圣诞宴》就诞生了。在我们制作的这个视频中，宠物们像人类一样聚集在餐桌旁，正在举办一个家庭宴会。宠物们不仅穿着人类的衣服，身后还都有人在和它们扮双簧。视频中有 13 只狗和 1 只猫，每只狗都扮演着假日聚会上常常会出现的某种朋友或亲戚的典型。这些宠物们都穿着节日盛装，它们之中有喝醉了的叔叔、老玩手机心不在焉的少年、浓情蜜意的小两口，当然，还少不了主人席位上的"猫老板"。

该视频基本上是一部无声电影，以节日的喜庆音乐作为背景音乐，展示了所有宾客们围坐在一起，一边交流一边享用着 Freshpet 的食品大餐的场景。该视频长度约为 2 分钟，品牌植入的痕迹十分不明显，仅在片尾处以点击按钮的方式向观众们提供了 Freshpet 网站的链接。此外，为了增加该视频的吸引力，我们与当地的动物保护协会展开了合作，由他们来提供参演的狗和猫，同时，我们还告诉观众，视频中所有的宠物都接受领养。事实上，最后所有参演的宠物都被领养了。

我们没有将重点放在 Freshpet 这个品牌上，而是将重点放在了宠物主人们真正想要看到的事物上面，由此给他们展现了一个有趣的猫狗视频，并提供了一个让人传播善意、获得良好感觉的环节。这听起来像是宠物主人们会分享的视频吗？答案是，他们大范围地分享了这个视频。该视频已成为非常成功的以品牌推广为目的的宠物视频，迅速获得了超过 1 亿次的观看量和数百万次的分享量；同时，美国广播公司、世界上访问量最多的互联网新闻博客之一 Mashable 以及《赫芬顿邮报》网站等各大媒体都对该视频进行了积极正面的报道。

人们之所以愿意分享 Freshpet 的视频，是因为它很有趣，能使他们发笑。由此一来，当他们在数字墙上转发这个视频的时候，就意味着向别人展示他们所具有的幽默感。

那么你可能就要说了，这一切都很棒，但是 Freshpet 呢？他们从中获得了什么好处？ Freshpet 获得的好处简直超乎他们的想象。网络上对于销售 Freshpet 产品的商店的搜索量增加了 3000% 以上。后来在该公司上市时，公司的首席执行官接受了彭博社的采访，在采访中专门提到了我们公司以及这个视频给他们带来的巨大成功。该视频在播出之后，还都会在每年圣诞节被重新上传，且点击量和分享量仍能屡获佳绩，为 Freshpet 公司增加了数千万的观看量，大大提升了其知名度。

总而言之，最重要的是该视频对该品牌产生了实际并且可衡量的影响。这就是分享的真实力量。

5 种具有可分享性的核心情感

一直以来，营销人员都通过打动他人情感的方式来吸引消费者，并鼓励他们与品牌建立情感联系。我们公司也花了大量时间来思考人们为什么选择分享内容，通过对最新趋势和科学的不断阅读、研究和试验，来更好地理解如何才能在吸引人们分享上获得额外的优势。

关于哪些情感能够推动人们进行分享，有许多文献进行了详细的分析。凭借在工作中积累的大量经验，以及对各种具有分享力的情感报告的海量研究，我们发现，有 5 种情感在能否获得惊人分享量上起着关键的作用。我们称之为“5 种具有分享力的核心情感”。每一次与知名品牌和名人合作时，我们都会将这 5 种情感作为诉求焦点。

理解这些情感及其诱因，能够使你的内容在网上获得的反应和分享量获得质的飞跃。

第一种，幸福感

第一种具有分享力的情感是幸福感。正如你所理解的一样，这类内容指的是能够使人感到快乐的内容。当你感到快乐的时候，你想做什么？通常来说，你想与朋友们分享这种感觉！人们喜欢与在乎的人分享能给自己带来欢乐的事物，反过来，这同样会使他们对自己感觉良好。

能够给人带来幸福感的视频也一样。尤其是在当今，社交媒体和传统媒体中充斥着两极分化的内容，这带给人们一种印象：这个世界充满了源源不断的负面消息和分歧对立。当然事实并非如此。从统计学上来说，当今世界比史上任何时候都更加统一，人类也更加幸福，但我们在此暂且不讨论这个话题。当人们普遍认为生存环境“恶劣”的时候，能够带来幸福感的内容往往蕴含着巨大的力量。如果你能够使他人绽放笑容，哪怕是带来片刻的欢乐时光，也会产生很大的影响。我们总是渴望让我们的至亲至爱和朋友们感到幸福。我们在前文讨论过的“可爱宝宝”相关内容就属于这个类别，该类别还包括那些十分有趣、通常还有些蠢萌的、讨人喜欢的内容，此类内容不会引发你过多思考，例如前文中的《猫狗圣诞宴》。

我们为奥运会所做的品牌推广，同样也是我们将上述理念付诸实践的一个例子。在全世界范围内，奥运会都是最受人们认可和重视的体育赛事。奥运会每两年在全球范围内举办一次①，展示运动员们取得的惊人成绩。在为期 16 天的赛事期间，奥运会毋庸置疑是全球规模最大的体育盛会。但棘手的是，在两场奥运会赛事之间，人们对它的关注度远远不够。当国际奥林匹克委员会的内容部门开办奥林匹克频道时，他们找到了我们公司。该频道是一个网络频道，旨在在全年度内保持观众和粉丝们对奥林匹克运动的兴趣。我们很清楚，赛事期间人们会滔滔不绝地谈论的体育内容，但在赛事“淡季”就很少去谈论了。因此，我们从“将纯粹的欢乐带给所有人”这个角度出发，制作了一则视频宣传广告。

我们的智囊团产生了一个让宝宝们参加奥运会比赛的想法，随后，由此衍生的视频给我们公司带来了有史以来最高的分享记录。我们用可爱宝宝们带来的欢乐效果，与激动人心的奥运赛事制造出一种反差萌，创造出与众不同的内容，这些内容不仅给人们带来了欢乐，同样也使他们乐意分享。“宝宝奥运会”成为 2017 年最成功的病毒式传播活动之一，在全球范围内获得了超过 1.5 亿次的观看量和 300 万次的分享量。

对于品牌而言，从给人们带来幸福感的角度来制作内容几乎与传统广告的创作角度恰恰相反。通常，在传统广告中，品牌都是“捶胸顿足”地告诉目标受众，他们为什么应该购买该产品。这实际上是一种单向对话，对受众的价值极为有限，因此，受众多半都会选择不看。

① 每四年举办一届的夏季奥运会和每四年举办一届的冬季奥运会相间举行。——译者注

通过制作能够给受众带来良好感觉的视频，而非商业广告，品牌可以传达出这样的消息："这则视频是我们专门为你制作的，希望能够给你带来美好的一天。"借由这种方式，就能将自私的商业广告转变成无私的善举。而当你为他人行善时，将会发生什么呢？他们会回馈你。

我们一次又一次地看到，当品牌为目标受众进行投资、无私地提供有价值的事物时，受众会加倍地给予回报。受众可能会给予关注，或以分享行为或购买行为来回报你。无论从哪方面考虑，你都需要迈出与客户建立起真实关系的第一步。

这种方式中包含一个极为重要的因素，即"品牌情感"，它是很多品牌都能够理解并量化的因素。**品牌情感指一般人群或特定人群对某个品牌所持有的看法，即他们对该品牌的感受如何。**众所周知，当消费者对某个品牌抱有好感时，他们更有可能将钱花在该品牌上，而不是花在其竞争对手的品牌上。制作传递幸福感的视频，能够在消费者心目中塑造积极的品牌情感。此类视频能够使品牌更加讨人喜欢，更能引起消费者的共鸣，也使品牌形象变得更加人性化。

我们一次又一次地见证了这种影响力。**当品牌情感在消费者心目中日益攀升时，品牌相关产品的销量也随之攀升。这两个指标之间存在十分直接又明显的关联。**

想要制作传递幸福感的内容，首先要了解你的目标受众，搞清楚他们喜欢在网上看什么类型的内容，然后量体裁衣，为他们制作有针对性的视频。当然，你还需要找到一种有意义的方式，将品牌、产品与视频内容联系起来，然后你会惊讶地发现，这种联系会变得越来越紧密而流畅！

第二种，敬畏感

敬畏感是第二种具有分享力的情感。这是一种崇敬或尊敬的情绪，常常还会伴随着一丝害怕和惊奇。这种情形能够由某些人之前从未见过的新颖、稀奇或者有趣的事物引发。此类事物通常包含一些由动物或人类做出的特别行为，这些行为或令人印象深刻，或非常无私，常常会使人情不自禁地赞叹一声："哇！"简而言之，此类事物往往都令人惊叹不已。

我永远不会忘记2012年第一次观看"红牛平流层计划"[①] 视频时的情景：

"医疗系统一切正常。"暂停。"释放。"

随着载有大胆的费利克斯·鲍姆加特纳（Felix Baumgartner）的氦气球升入太空，控制室中响起几声零星的小心翼翼的掌声。

"不断上升中……鲍姆加特纳目前位于海拔7700多千米的高空中，还在继续上升。"

"我们现在位于约33 000千米的高空中……面板发热出了点问题……任务继续……他已经做出决定。鲍姆加特纳选择跳下去。"

鲍姆加特纳打开了太空舱的舱门。控制室的大屏幕上显示着以他的拍摄视角拍到的画面：地球。

"跳！"

他纵身跃入了平流层。

"时速达到了1046千米……时速达到了1166千米……时速达到了1173千米……鲍姆加特纳处于一个稳定的下落过程中。"

然后似乎过了一百个世纪那么久。

① 即本书前文中提到的视频《费利克斯·鲍姆加特纳从近3.9万米的高空做超音速自由落体运动》。——编者注

“鲍姆加特纳打开了降落伞……安全地重返地球。”

控制室中响起了经久不息的掌声，每个人都在看着屏幕上鲍姆加特纳安全回到地面的画面。鲍姆加特纳设法站了起来，并向所有人鞠了一躬。

查克·耶格尔（Chuck Yeager）是第一个在飞机驾驶中使飞机飞行速度达到超音速的人，而鲍姆加特纳则是第一个单单凭借着自己的身体就达到了超音速飞行速度的人。从平流层跳向地面，他只穿了一件太空服，自由落体的时速达到了每小时 1357 千米，打破了世界上自由落体的时速纪录。

这种激发人们产生敬畏感的方式，是早期 YouTube 平台上视频的惯用做法。我们公司成立之初，曾与一位年轻的电影制片人合作过，他后来也成了一名 YouTube 主播，并给自己取名为“Devinsupertramp”。他就是此类视频的头部主播。他的视频大多与年轻人做高难度、冒险性的事情有关，视频中大家往往都玩得非常尽兴。早期，他有一个十分火爆的视频，在视频中，德文（Devin）和他的朋友们在犹他州的一块巨大岩石拱门下，建造了一个大型的绳索秋千，朋友中还包括了超级分享力公司共同创始人卡梅伦·曼沃林（Cameron Manwaring）。视频以优美的电影风格，展示了德文的团队成员们系上绳索，然后从悬崖边纵身跃下的情景。值得一提的是，他们所系的绳索会保障他们的安全。他们身上都配有 GoPro 运动摄像机，观众能够以他们的视角看到这些影像，这样的方式会带来很强的视觉冲击效果。虽然距该视频发布已经 10 年了，但如今人们在看时，仍会情不自禁地赞叹。

采用这种使人产生敬畏感的方式来制作内容，可能具有很强大的冲击力，但实际上，如今这类视频再也无法保证能够获得成功。早期，线上视频刚刚兴起时，只要你制作的视频能够让人情不自禁地赞叹，那么这个视频的分享量一定会飙升，你自然也就拥有了一个火爆的视频。但随着时间的流逝，互联网上的内容变得越来越庞杂，抢夺注意力的竞争也越来越激烈，实现这一目标也就变得越来越困难了。

当德文和他的朋友们一起拍摄跳悬崖的视频时，他 20 岁。那时候，他是互联网上唯一做到这一点的人，或者说，他是唯一将这种冒险视频拍摄得很成功的人。但如今，各种社交媒体平台上都有成千上万个频道，所有频道都在试图冲破信息的洪流，使自己发布的视频成为本周最令人印象深刻、最能使人产生敬畏感的视频。有许多大型媒体公司专门在互联网上搜索令人印象深刻的手机视频片段，此类视频展示的都是人们做一些大胆、异于常人、令人目瞪口呆的行为，收集好后，便大量生产制作类似视频。如果你想加入该竞争行列，那么单单让一群样貌好看的年轻人从悬崖上往下跳，已不可能再使观众受到冲击了。现在，你需要真正地脱颖而出，不断突破自我。

那你该怎么做呢？我们公司的做法是，不再追求带给观众感官上的“震惊与敬畏”，而试图在情感上给人留下深刻的印象。此处请别误会，我们仍然会时不时制作一些冒险视频，或者拍摄一些人们在身体行为上做到的惊人成就，但是随着世界变得越来越嘈杂，每个人都在试图大声呼喊、引人注意，我们只能反其道而行之，变得更加安静。我们已经不再以让人们从直升机纵身往下跳的方式来吸引注意力，而是开始从一个完全不同的角度来引发人们的赞叹。

当然，这种方式无疑是走到了另一个极端。它不是通过制造电影效果或者感官上的冲击力来给人们留下深刻印象，而是通过展示为他人做的事情及其给生活带来积极的影响，来表明“人类很了不起”这个主题。你看过多少展示了学生们为老师做一些暖心事的视频，或者展示了人们献身于拯救珊瑚礁事业、与濒危物种生活在一起、为贫困儿童打造乐器的视频？如果这类视频常常出现在你的社交网络上，那么恭喜你，你和很多人一样，都喜欢看那些人们通过温暖而无私的行动来帮助他人的视频。

使我们的客户朝新的推广方向发展、不盲从潮流，并以此来找到新利基市场[①]的思路，是一系列因素综合作用的结果，其主要因素不仅包括我们对互联网动态极其精准的把握，还得益于我们公司聘用的年轻人才。而想要实现我们提供的推广方法，你并不需要拥有一个多么庞大的团队。

该思路来自我们公司的首席创意人乔尔·贝尔格瓦尔（Joel Bergvall），当他扪心自问究竟何种情景会打动自己时，贝尔格瓦尔想出了这个能给人带来敬畏感的新方式。更具体来说，当时贝尔格瓦尔正与妻子和孩子们一起重温“指环王三部曲”。你可能对第三部《指环王：王者归来》电影的高潮时刻很熟悉，那时所有的伙伴们都站在莫多（Mordor）的门外，而护戒使者弗罗多（Frodo）和萨姆（Sam）站在门的里面，他们奋力前往山上，想要摧毁魔戒。他们知道必须吸引黑暗魔君索伦（Sauron）的注意力，使索伦的注意力从自己的土地上移开，但在人数上来说，双方力量悬殊，他们的任何行动都无异于以卵击石的自杀行为。此时，阿拉贡（Aragorn）向其他伙伴们大喊一声：“为了弗罗多。”群情激昂之下，他们竭尽全力杀向自知无法匹敌的敌人，身材矮小的霍比特人带领着大家英勇赴死，只为给自己的朋友求得一线短暂的生机。

可以说，这一刻是整个三部曲的情感高峰，看着电影中剧情不断推进，贝尔格瓦尔体会到了自己对剧情产生的情感反应，他意识到整部电影正是以“人们会为他人无私奉献”作为核心要素。从那以后，我们公司就将贝尔格瓦尔的个人感悟与所有人各自的情感体验结合起来，将其归结为一个使人产

① 利基市场（niche market）是在较大的细分市场中具有相似兴趣或需求的一小群顾客所占有的市场空间。例如，在女鞋市场中有许多不同的细分市场，护士的鞋子或素食主义女性的鞋子，都将成为女鞋市场中的利基市场。——编者注

生敬畏感的内容类别，并不断通过这种思路来制作极具分享力的视频。

在第 1 章中，我提到我们公司曾为 Adobe 制作过一个推广视频，那便是将上述方式运用于实践的实例之一。当初，Adobe 公司联系到我们，并说明来意："我们想向学生群体推广 Photoshop 软件。"这个要求不可谓不简洁，听完之后，我们仔细考察了该公司的目标受众，试图了解学生可能喜欢何种类型的内容，以及我们可以利用何种类型的情感作为突破口。通过研究，我们了解到，该目标受众群体普遍喜欢能使人产生敬畏感的内容，我们的"人类很了不起"这个子类别完美契合学生的喜好。因此，我们提出了一个想法，即让一群学生使用Photoshop软件来还原最近在哈维飓风中受损的照片。在我们设计的视频内容结构中，我们联系了哈维飓风中的受害者，让学生们利用 Photoshop 软件来修复受损的照片，接着，让学生们将那些还原之后的照片打印出来并裱框好，归还给原以为将永远失去这些珍贵照片的人们，物归原主的那一刻，便是整个视频的高潮。最终的视频成品实在是催人泪下，我们在会议上展示该视频时，甚至都会尽量移开视线不去看屏幕。即使我们已经看过数百遍了，它仍然使我们忍不住哽咽。通过激发人们的这种情感，该视频给 Adobe 公司带来了巨大的成功，如今 Adobe 公司已经成为我们的老客户了。

第三种，共鸣感

第三种具有超级分享力的情感是共鸣感。许多人将"共鸣"与"同情"这两个概念相混淆，但是它们并不相同。同情是指即便你并不认识某人，也无法体会他的感受，但你能够理解并关心他的遭遇。同情是一种十分宽泛且客观的情感，但共鸣则是一种十分具体的情感，它带有强烈的私人性质，因此其影响力也就更加强大。共鸣是指一种设身处地、真正理解并切身体会另一个人的情感的能力。当你产生共鸣的情感时，你会对他人的感觉感同身受，从而与之建立起一种情感上的关联。即便你可能并不理解他人的具体困境或观点，但这并不妨碍你与他人产生共鸣感。

想要真诚地传达共鸣的情感并非易事，但是如果传达得当，共鸣感将成为一件极为强大的分享工具，因为人们都希望能够以有意义的方式与他人产生联系。

下面我们来举个例子。2017年，喜力啤酒试图通过以名为“不同的世界”（Worlds Apart）的推广活动来打破人们对该品牌的刻板印象，并检验人们是否普遍具有共鸣的能力。该公司在克里斯·布劳尔（Chris Brauer）博士的协助之下展开了这项活动，布劳尔是伦敦大学金史密斯学院创新系主任，专门研究人类行为。喜力公司想要知道，一个持有某种根深蒂固观点的人，在和与自己持相反观点的人进行交流互动之后，能否对对方的观点持更加开放的态度。换句话说，人们在互动之后是否变得更容易产生共鸣？布劳尔的研究结果表明，即便双方所持观点相反，只要人们能够在互动之中找到彼此的共同点，那么他们会更容易与对方产生共鸣。

随后，喜力公司拍摄了一个长度约为 4 分钟的视频，视频开场就抛出一个问题：“两个持相反观点的陌生人能否证明我们世界中存在的团结比分歧更多？”在视频中，他们将 12 名陌生人以两人为一组，分成了 6 组。同一小组的两人对彼此一无所知，但通过视频中每个人面对镜头单独做的陈述，观众得知每组的两个人针对某个特定主题所持的意见完全相反。将女权主义视为“厌恶男人”的人，与一位女权主义者分在了一组；拒绝承认气候变化、认为那些相信气候变化的人应该去致力于解决实际存在的问题的人，自然是与一位气候变化活动家分在了一组。

首先，每组组员初次见面，他们需要按照拍摄小组所提供的说明书来组装凳子。当每组组员一起组装了凳子之后，拍摄小组又要求他们在自己组装的凳子上坐下来，并用 5 个形容词向对方描述自己。在这个过程中，他们不仅增进了对彼此的了解，还开始向对方谈到了自己的一些私人情况，如在成长时期经历的困惑和不安。简而言之，他们开始与对方交谈起来，并与新朋友产生了共鸣。随后，拍摄小组要求每组队员共同完成另一项任务——组装一个吧台。随着吧台一点点搭建起来，组员们之间的友谊也开始慢慢萌芽。

当然，此时，考验他们的时刻就来了，拍摄小组播放了他们事先面向观众做的单独陈述。通过观看这些视频片段，他们得知，自己的新朋友在某个问题上所持观点与自己截然相反。当他们还没有完全接受刚刚看到的事实时，拍摄小组给了他们两个选择：一是选择当场离开；二是选择一起喝瓶啤酒、谈论彼此之间的差异。最后，所有人都选择了留下来互相交流，并开始产生了更深的共鸣感。

这则视频由喜力公司与一家名为“真人图书馆”（The Human Library）的非营利组织合作完成。该视频之所以大受欢迎，恰恰是因为它利用对话的方式挑战了人们的成见，展示了人与人之间能够毫无约束地产生共鸣感这一事实。

共鸣感这一人类的核心情感可以通过多种方式表现出来，但究其本质，它其实是一种归属感。如果一个故事能够使观众产生归属感，那么它就同样能使其他人产生共鸣感。就喜力公司的广告而言，与其说它传达了一种特定的观点或信念，不如说它让人产生了一种归属感。

这则视频通过展示人与人的差异及人类所具备的克服强烈偏见、融合迥异观点的能力，来告诉观众，我们所有人都置身于同一个世界，我们都有着共同的人类情感体验，认识并接受这一点是十分重要的。

就如同青少年的“卧室墙”那样，人们纷纷将这则视频分享到自己的“数字墙”上。大家之所以分享，是因为所分享的事物代表着他们希望如何被他人感知。他们想表明自己同样具有包容的心态，即使是面对那些有着截然不同的信念或价值观的人，也可以忽略彼此之间的差异，与对方展开真正的对话。这则视频反映了人类的积极心态，而分享此内容，同样能够体现分享者所拥有的积极心态。

第四种，好奇心

先不论好奇心究竟会不会害死猫，但可以肯定的是，好奇心绝对让人尝到了很多甜头。人类能够不断进化也同样得益于好奇心，因此，怎样强调这种情感的重要性都不为过。《美国传统词典》（*American Heritage Dictionary*）将“好奇心”定义为：“对了解或学习的渴望”。由于需要吸引人们的注意力，好奇心自然是我们所制作的每个视频中都必不可少的元素。每个视频的第一帧都需要使人们对下一帧产生好奇心。视频的前 3 秒吸引人们继续观看到前 7 秒，继而又吸引人们观看到第 15 秒、第 30 秒，直至视频播完。讲故事就必须激发人们的好奇心，因为如果你做不到这一点的话，就没有人愿意听你的故事。

想要利用视频引发人们的好奇心，先从标题开始，我们将在第 5 章对此进行详细介绍。足够劲爆的标题能够吸引人们的注意力，使他们产生足够的好奇心，进而点击播放，一探究竟。

接下来就需要了解我们的大多数社交媒体都是基于“订阅”来维系观众的，这就意味着在屏幕滑动到视频的那一刻，视频就会开始自动播放。所以，视频的前几秒钟最好能引起观众的好奇心，这一点很重要——否则观众会继续滑动屏幕，甚至可能都没有注意到该视频的存在。

视频的海报帧也是如此。如果你恰好是用手机的数据流量而不是 Wi-Fi 连接到互联网，并且将手机设置成“在使用蜂窝数据时不自动播放视频”的话，海报帧就是你浏览视频页面时所看到的静止图像。这个解释似乎有点过于技术性，但对于视频能否获得成功，海报帧也是至关重要的考虑因素。由于在 YouTube 平台上，缩略图十分关键，因此海报帧也就极为重要；尽管对于基于订阅的平台而言，海报帧可能没有那么重要，但仍不容忽视。

那么单靠激发观众好奇心，品牌能够制作出优质的视频内容吗？答案是肯定的，并且可能让你感到意外的是，通过巧妙地激发他人好奇心，我们也能制作优质的教育类视频。请记住，好奇心代表了解或学习某些事物的强烈渴望。千万不要以为教育类的视频会很无聊！

举例来说，我们可以更深入地解读一下我们与语言艺术家、诗人和电影制片人 Prince Ea 一起拍摄的视频。芬兰耐思特石油公司赞助了一项教育计划，而 Prince Ea 正是该教育计划的大使。我们公司与他合作，制作了一则在传统观点看来难以置信的视频。该视频是一则时长约为 6 分钟的公益广告，拍摄地点单一，由 Prince Ea 单独针对我们当前的教育制度进行控诉。听起来太吸引人了，对不对？

在获得 3.5 亿次观看量和 900 万次分享之后，这则控诉现代教育制度的视频现已成为有史以来被分享次数最多的公益广告，显然，有某样东西发挥了作用。究竟是什么呢？你猜对了：好奇心。

该视频以一只金鱼的特写镜头和爱因斯坦的名言作为开始。这个视频开场是否起到了很好的效果尚不明确，但这并不是重点，紧接着，视频就揭开了整个场景设置：Prince Ea 在法庭上对现代教育制度提出控诉，旁听席上坐着许多家长，而陪审团席上则坐着孩子们。Prince Ea 的发言很巧妙地向观众们讲述了一个关于学习的故事，并且他说的每一句话，都能传达出一个出人意料的有趣观点，引发观众的思考。从开场白开始，他说的每句话都会使观众愿意倾听，并对他接下来将要说什么以及最后将会得出什么结论而感到好奇。Prince Ea 以微妙的方式不断揭示有趣的细节，并逐步引出场上所有的参与者，其中还使用了道具和图形，这一切都将剧情推向强有力的高潮，使众人纷纷起立并热烈鼓掌。

人们出于好奇而观看该视频。起初，他们好奇的是金鱼，是视频中的语言，是整个场景设置，是在场的人，等等。但很快，他们的好奇心转向了 Prince Ea 所传达的观点以及接下来可能会发生的事情。事实上，视频中的对话信息量很大，这将极大地激发人们的好奇心。人们的大脑在大量分泌多巴胺，因为观看该视频能够使人们觉得自己很聪明。这个视频不仅具有教育意义，并且它采用的方式还很微妙——它让人们觉得自己在发现一些关键信息，而这种感觉能够使人们感到非常兴奋。然后，人们将会分享该视频，因为这不仅会使人看起来很聪明，而且还会激发他人的好奇心，这就意味着他们分享的内容是真正具有价值的内容，这同样也将使他们自我感觉良好。对于一则针对教育现状所制作的公益广告而言，能做到这样实在不错。

第五种，惊喜感

根据我们公司的业绩记录，惊喜感可以说是我们制作推广视频时的第一情感诉求，或者至少是最明显的情感诉求。在数字世界中，没有什么比人类的反应更具影响力，也没有任何反应比惊喜更具影响力。惊喜感可能源于获知某个真相、获得新的理解、遇到意外的喜事，或者一个简单的惊吓。成功的视频往往都结合了多种类型的惊喜，使其产生的影响力最大化。

为了让读者更好地理解这一具有超级分享力的核心情感，我以我们公司为板球无线（Cricket Wireless）设计的推广活动——“现实生活中意外出现的约翰·塞纳（John Cena）”[①] 为例。这个想法来自我们的智囊团，它是基于

---

① 约翰·塞纳：美国职业摔角运动员，三次获得世界重量级冠军。——编者注

“意外出现的约翰·塞纳”模因[①]，该模因曾在现已被关闭的短视频分享平台 Vine 上十分流行。该模因包括一个视频片段，接着是塞纳在职业摔角比赛中人们熟知的入场方式，并加上配乐。

最初，该模因的视频片段涵盖范围十分广泛，其中包括从旧电影、卡通片以及 YouTube 的视频上剪辑下来的片段。这些视频片段都有一个共同点：它们都包含了某种形式的介绍性语言或行为。其中包括蝙蝠侠说到“我是……”，某航空公司的安全广告中说到“你上方的面板将会打开，露出……”，甚至还有一个刚抓住一只鱼的垂钓小儿被鱼鳍胡乱拍打着、不知所措的场景。然后，画面一转，上面这些视频片段立刻转到了一位职业摔角比赛主持人高声尖叫着宣布“约翰·塞纳！”紧接着就是塞纳上场时的音乐和画面。

换句话说，惊喜感是这个模因的关键因素。毕竟，这个模因被称为“意外出现的约翰·塞纳”，引人发笑的点就在于他总是会出人预料地出现在看似最不可能的地方，任何奇怪的视频片段的结尾，他都可能会突然出现。

当板球无线联系我们展开合作时，该模因在网络上已经十分流行。当时，板球无线告诉我们，约翰·塞纳只有 4 个小时可供我们拍摄整个推广活动的视频，而我们甚至连最基本的思路都没有。但我们知道，如果能够利用该模因相同的惊喜元素，那么我们就将能够制作出具有分享力的视频。如果我们还能以某种方式在现实世界中给人们带来惊喜，那么我们的视频肯定会成为爆款视频。

---

① “模因”是以病毒式传播的文化符号或社会观念。我们每天都会在网上看到各种版本的“模因框”，“模因框”就是环绕在视频周边的实际框架，我们可以通过设置该框架来添加粗体文字或图像。“模因框”在吸引受众的注意上十分有效，因为它提供了一个添加标题的位置，此类标题能够快速、清晰地表达出整个视频的主要内容。

我们将惊喜感诉求做了如下剖析：

第一层惊喜感就是，让塞纳本人承认该模因的存在，而这是他以前从未做过的事情。

第二层惊喜感是，像塞纳这样的知名人士，居然愿意真正去接受互联网的某些流行趋势，尤其是当许多人认为这些流行趋势本身带有取笑他的意思时。

第三层惊喜感则需要来自视频本身，我们需要让该模因变得更加生动有趣。因为我们所制作的视频标题是“现实生活中意外出现的约翰·塞纳”，这就意味着我们必须以某种完全出乎意料和令人惊喜的方式使塞纳出场。

第四层和第五层惊喜感都必须来自视频中的参与者，即切实因塞纳的出场而感受到惊喜的人。当塞纳突然跳出来或以其他出其不意的方式出现时，这些参与者在肾上腺素激增时的震惊反应，将成为我们的第四层惊喜感。接下来的第五层惊喜感是，我们需要确保参与者都是塞纳的死忠粉，他们将会因见到塞纳本人而激动万分，甚至失去理智。

现在，对于采用何种具有分享力的情感及其关键层次，我们都有了思路，接下来就需要回过头来设计出具体激发情感的方案。通常来说，最简单的想法往往就是最好的想法，那在当前情况下，最佳方案再明显不过了：我们将为板球无线以约翰·塞纳冠名的新商店设计一名虚假的“板球大使”角色，并吸引一群约翰·塞纳的粉丝前来试镜。我们要求前来试镜的粉丝们对塞纳的海报做一个职业摔角比赛风格的介绍。就在他们毫无防备的时刻，塞纳本人会突然从纸质海报后面破纸而出，出现在他们面前。

我们将拍摄视频的地点设在板球无线的商店中，视频中也就自然而然地融入了该品牌。该视频发布之后，获得了 2.2 亿次观看量和 400 万次分享，由于视频中到处都有品牌标志，也就大大提升了板球无线的知名度。

该视频大获成功，甚至在板球无线与塞纳的合约到期并且官方视频已下架之后，网上仍有近 7000 个翻录的版本，并且那些视频至今仍在不断传播着。在撰写本书时，距离首次发布该视频已经两年多了，但在最近一个月内，仍有 76 个新的翻录版出现在网络上。

当然，最重要的统计数据直接来自我们的客户——板球无线。板球无线告诉我们，对于约翰·塞纳冠名的实体店来说，该视频流量的转化率比他们在市场上投放的所有其他广告的转化率要高出 300%。这就是通过惊喜的力量所带来的真实、可衡量的重要影响。

两种需要谨慎使用的情感

当然，许多其他情感也会促使人们在互联网上分享内容。喜悦、感激、钦佩、希望和骄傲显然都在其列。但在这里，我们要介绍的是愤怒和悲伤。

第一种，愤怒

愤怒是一种特别能引发人们分享的强烈情感。尽管数据通常显示，相较消极内容而言，积极内容往往能够得到更广泛的分享，但是利用人们的愤怒情绪，也可以使分享规模迅速扩大。不过，想要在品牌推广中以一种积极的方式来使愤怒情绪发挥作用，是非常困难的。

愤怒是一种很容易被唤醒的情感，不论是在日常生活还是在网络分享行为上，它都能够使人迅速采取行动，但是，大多数品牌都不希望使人们产生愤怒的情感。实际上，我们并不会在品牌推广活动中采用激发愤怒的方式，因为将人们的愤怒转化为积极的行动是非常棘手的。

当然，如果你想通过让人们采取行动带来积极的改变，愤怒将是一件强有力的利器。在悲剧事件中通常就是如此。例如，2018 年在美国佛罗里达州帕克兰市的玛乔丽·斯通曼·道格拉斯高中（Marjory Stoneman Douglas High School）所发生的枪击案，夺走了 17 名无辜孩子和工作人员的性命。枪击事件发生后，有人立即发布了一些相关视频，这些视频迅速在网上传播开来，许多人在分享视频的同时，分享了自己在枪支相关问题上的所持立场。许多人在看过这些视频之后十分愤怒，并想要身体力行地做一些事情来改变这种状况。因此，在这个时候发起合理的枪支管制立法运动，比以往任何时候都更有力量。

虽然这些视频能够激起强烈的情感，带来数百万的转发分享量，但对于品牌推广而言，这并非一个可靠的途径，因为由新闻事件引发的愤怒感通常会使人们在分享时表明立场，这种立场往往是对立的。而品牌追求的是包容性，他们当然希望所有人都来购买他们的商品。

第二种，悲伤

悲伤同样是一种由互联网内容较常引起的情感，但悲伤本身并不是一种具有分享力的情感。实际上，它恰恰会导致减少分享，因为较之愤怒而言，它是一种低唤醒的情绪。当你看到悲伤的事物时，你会自我封闭。人们在悲伤时不会想要去分享，因为没有人愿意分享自己的悲伤。但是，如果你讲述了一个悲伤的故事，可是从本质上来说，你将这种悲伤转化成了骄傲或希望，那么它就变成了具有分享力的内容。我们在为 Adobe 公司设计的有关照片恢复的视频中，就很明显地体现了这一点。

5 种具有超级分享力的核心情感包括：幸福感、敬畏感、共鸣感、好奇心和惊喜感。这 5 种情感是品牌推广时获得积极分享的主要驱动力，理解并熟练掌握这些情感，将使你受益良多。下次当你分享内容时，你可以自我检测一下，看内容中是否包含了上述关键因素。至少，这能让你的视频不局限于自我趋利的层面，而是激发一些更无私的人类情感。

具有可分享性的 5 种核心情感

- **幸福感。**制作传递幸福感的视频能够在消费者心目中塑造积极的品牌情感。比起贩卖焦虑，品牌更聪明的做法是将自私的商业广告转变成无私的善举。
- **敬畏感。**这种情感常常伴随着一丝害怕和惊奇，但比起追求带给观众感官上的“震惊与敬畏”，更聪明的做法是在情感上给人留下深刻的印象。
- **共鸣感。**人们都希望能够以有意义的方式与他人产生联系，人类的这一核心情感可以通过多种方式表现，但究其本质是归属感。
- **好奇心。**每个视频的第一帧都要使人对下一帧产生好奇心。如果你不能做到这一点的话，就不会有人愿意听你的故事。
- **惊喜感。**惊喜感是我们公司制作推广视频时的第一情感诉求，或者至少是最明显的情感诉求。在数字世界中，没有什么比人类的反应更具影响力，也没有任何反应比惊喜更具影响力。

BREAK Through the NOISE

第 3 章

法则 3，不计回报地为用户提供价值

吸引更多观看的 3 个基本问题

BREAK THROUGH THE NOISE

一个视频之所以能变得流行，

大多是由于一个简单的哲学理念：

价值，

它为观众提供了价值。

那天，三个陌生人走进了位于美国洛杉矶中南部的一家板球无线商店，由此便走进了一个我们构想出的最具奇思妙想的视频。

如今你已经知道该视频的大致背景了，即为板球无线的约翰·塞纳商店选拔一位“板球大使”，并公开邀请职业摔角大赛的超级巨星约翰·塞纳的铁杆粉丝们前来试镜。而约翰·塞纳本人就在薄如蝉翼、一撕即破的纸墙的另一边，离前来试镜的粉丝们只有几米远，听着他们所说的每一句话，但他们对这一切一无所知。

我当时担任导演的角色，依次对粉丝们进行面试，问他们究竟有多喜欢塞纳。然后，我会要求他们，将他们身后墙面上的塞纳真人尺寸海报视为塞纳本人，并热情隆重地对塞纳作出场介绍。

每个小组经历的选拔流程都是一致的。我会先请他们作自我介绍，然后问他们喜欢或者敬佩约翰·塞纳的具体原因。我会不断调动他们的情绪，使他们在为塞纳作出场介绍时的情绪达到顶点，忍不住要兴奋地尖叫。然后，就在激动之情达到顶峰的那一刻，约翰·塞纳突然破壁而出，给他们带来永生难忘的惊喜一幕。我永远也不会忘记那一天。

在上一章中，我们讨论了该视频中的惊喜因素，尤其是现实生活中人们感到惊喜时的反应。人们的反应是网络上引爆点击量的黄金法则。以原始的形式捕捉人们的惊喜和纯粹的兴奋情绪，其本身就具有某种魔力。然而，如果你退后一步，仔细看一下我们公司在这则视频中所运用的核心理念，你就会发现，它之所以能够受欢迎，不仅仅是因为惊喜这一个元素。

惊喜感可能是一种关键的情感，但就像幸福感、敬畏感、共鸣感或者好奇心等等你能够利用的所有情感一样，它们都属于一个更大的体系，而这个体系正是传统广告和现代广告有天壤之别的根源所在。**简而言之，上述视频之所以能够脱颖而出受欢迎，是由于一个简单的哲学理念：价值。我们为观众提供了价值。**

这是一个非常简单的概念，但许多营销人员其实并不完全理解这个概念。传统广告本质上是具有干扰性质的。你喜欢的电视节目中总会穿插着电视广告，它们就像是你在接触到真正想要观看的内容之前所需要付出的代价。而我们如今颠覆了这种模式。我们设计制作的品牌推广内容本身就具有内在的价值，其本身就是观众实际想要观看的内容。这种内在的价值将会使人们产生共鸣。

这其中的原因很简单——人性使然。如果在街上，一个穿着考究的陌生人突然朝你走过来，向你讨要一美元，你很可能会吓一跳然后赶紧走开，而且你肯定不会给他一美元。如果第二天有一位不太熟的同事帮你找到了丢失的车钥匙，或是帮你往停车计时器里投了硬币，或是无私地为你做了一些对你有价值的事情，你会立即对她产生好感。由于你们之间的这层联系，你可能会更容易与她展开对话，也许会认识到你们之间有一些共同的兴趣爱好，甚至可能当场就迅速建立起良好的关系。这时候，如果她发现自己去买拿铁咖啡的钱不够，还差一美元，你会愿意将口袋里的那一美元给她吗？

当然，你会毫不犹豫地给她那一美元，让她去买拿铁咖啡。或者至少，你将更倾向于给她那一美元。毕竟，她对你表示友好并且帮助你在先。她以价值作为引导。在上述情况下，对于使你自愿给出一美元而言，你的同事可能比那名穿着考究的陌生人付出了更多的努力，所以最后，她成功了，而陌生人没有成功。

其实我们制作视频的原理与此相同。我们在不要求任何回报的前提下，主动向观众提供价值。我们会对互联网上的陌生人说："嘿，你是约翰·塞纳的粉丝吗？他突然破墙而出、让他的粉丝们吓一大跳的视频，你看过了吗？你肯定会喜欢的。快来看呀！"一旦他们观看了我们的内容，就为彼此之间的对话创造了机会，使我们能够再次将其他有价值的内容带给他们。在一系列的互动中，我们才能确定哪些观众的互动频率和参与程度最高，只有在此时——在"销售漏斗"[①] 的底端，我们才会向他们讨要他们辛辛苦苦赚来的钱。

他们会满足我们的需求，因为我们是事先以价值作为引导的。

在第 2 章中，我们已经讨论过，分享实际上是一种自私行为。在大多数情况下，人们之所以分享并非出自好心好意，而是由于这种分享行为给他们自身带来了良好形象或者良好感受。这种心理机制与价值有着紧密的联系，从而也给我们带来了极为重要的一课，让我们认识到我们应该从根本上改变内容创作的整个策略。

---

① 销售漏斗是一个非常直观的销售机会状态统计报表。通常情况下，如果把每一个阶段的销售机会的数量用一个横条图代表的话，因为每个阶段的数量不一样，所以横条也就有长有短；如果把所有的图按照"阶段靠前的在上"的规则进行上下排列，由于一般情况下整个销售机会中阶段越靠前数量越多，阶段越靠后数量越少，所以整个图形为漏斗状，因此叫销售漏斗。——编者注

简而言之，如果你希望人们分享你的内容，那么你的内容就必须与他们有关，而不是与你有关。

在过去 10 年中，这个理念一次又一次地得到实践的证明。实际上，它是我们公司获得成功的核心理念，也是我们在过去几年中之所以能够成功推出 60 多次病毒式营销计划的原因。然而，仍有 99% 的品牌根本不采用这个理念。这又是什么原因呢？一个简单的解释就是，过去 80 年来的经验，已使营销人员脑中传统广告的重要性变得根深蒂固，而这个理念恰恰与之背道而驰。

广告的进化

人们常说，在过去那些美好的日子里，事情总是简单得多。在有些情况下，这可能只是人们选择性记忆造成的错觉，但在广告界，的确如此。

在电视发明之前，美国普及的电子媒体是广播，广播发布的信息自然也就能获得所有人的关注。早在 20 世纪三四十年代，流行的广播节目每周就能够覆盖数千万的听众。品牌可以直接通过向广播电台付费来发布广告，由电台将其信息传达给所有留心听广播的听众们。

例如，1941 年，谷物类食品公司通用磨坊开始赞助当时十分受欢迎的广播节目《独行侠》（*The Lone Ranger*）。在巅峰时期，《独行侠》节目每周有 2000 万人收听，这些听众会每周 3 次，在固定时间点聚集在收音机旁，收听《独行侠》。对于一个品牌来说，最佳情况也莫过于此了，受众的专心程度如此之高，他们为了收听到喜爱的节目，别无选择，只能收听你的广告，并将你所播送的广告视为必须付的门票。在这种模式中，品牌甚至被定位为英雄，因为广播中会宣布该节目是“全麦麦圈”赞助播出的，所以请记住："孩子们，吃全麦麦圈吧！"一个品牌最理想的广告也莫过于此了。

随着电视的出现，广告的力量持续增强。从电视开始出现的早期，一直持续到 20 世纪 80 年代，只有三大主要的电视网会全时段播出高质量的电视节目，并且它们的收入来源全部是以广告为主。如果你正在看电视，这时出现了商业广告，那么你基本上有以下三种选择：

1. 坐下来观看广告；
2. 换台——很有可能其他台也在播放商业广告，因为这三家电视网同步了插播广告的时段；
3. 关掉电视，去做一些其他事情。

这个时代通常被人们称为广告的黄金时代，当时电视在全国范围内吸引了人们的普遍关注，电视网蓬勃发展，财力雄厚的品牌也从不断增长的销售额和客户群中受益颇丰。

在 20 世纪 70 年代后期，有线频道的出现给观众带来了更多的选择，但除了像少数几个类似于 HBO① 的付费订阅频道之外，其他频道也都主要由品牌商资助。这些发展为电视节目阵容开辟了更多的渠道，同时也给品牌商在频道中投放广告带来了更多的选择。

20 世纪 90 年代则出现了成百上千的频道，同时，还出现了能够屏蔽掉广告的数字录像设备 TiVo，这一切都标志着广告行业的厄运即将到来。但

① HBO 电视网是总部位于美国纽约的有线电视网络媒体公司。HBO 于 1972 年开播，全天候播出电影、音乐、纪录片、体育赛事等娱乐节目。与绝大多数电视频道不同的是，它不卖广告。想要了解这家公司如何做到不卖广告，请阅读小比尔·梅西所著《HBO 的内容战略》，这本书已由湛庐策划，由浙江人民出版社于 2019 年出版。——编者注

是，广告行业依然沉迷于纸醉金迷、大笔捞金的状态，根本没注意到行业环境已然发生改变，仍一切如昨，大步向前。

随后，互联网出现了。早期的时候，人们对互联网的炒作远远多于互联网所拥有的实质内容。就像所有的新媒体一样，经过了一段时间之后互联网才找到立足之地。在互联网出现的最初 10 年中，互联网上的广告基本上是一些乱七八糟的伴随搜索出现的词条广告和过度夸张的横幅广告。直到 2005 年 YouTube 出现，一切才发生了变化。这是一个标志着消费者行为开始发生大规模转变的节点。互联网为人们提供了前所未有的选择，对于品牌而言最重要的是，这些选择大多与传统广告无关。

作为一名营销领域的年轻人，这种转变对于我和我的所有同事来说，预示着一个激动人心的时代即将开启。没有人能确切地知道，互联网将以何种方式改变行业现状，但很显然，它将改变品牌与客户互动的方式。不过，令我惊讶的是，并不是每个人都对此感到兴奋。那时，广告界的资深人士在谈论互联网内容传播时，就像是在谈论一些难登大雅之堂的次要营销活动，一种新奇的潮流，一种对“真正的电视广告世界”的有趣补充。

事实证明，他们错得离谱：互联网从根本上改变了人们与内容互动的方式。人们再也不需要像在电视网受营销部门支配的时代那样，坐下来被动地观看电视网向他们播放的任何内容。观众不仅可以随时随地观看自己想看的任何东西，随着技术的发展，他们还可以随心所欲地选择在自己偏爱的任何屏幕上观看。现在，“电视”早已不是人们的唯一选择了。

这意味着互联网同样永远地改变了广告行业的规则。这种转变以极为复杂的形式体现在各种大大小小的屏幕上，但是，其核心对我而言似乎很简单：首先，当人们没有选择权时，他们会容忍广告，但是，一旦有了选择权，他们就会选择避开广告。这无关乎情感，而仅仅是由人类自私的本性所决定的。简而言之，如果不是迫不得已，谁会看广告呢？

因此，如果你的策略是用观众不想看的内容来干扰他们真正想要观看的东西，那么你将很难获得成功。就这么简单。

价值的概念

那么，我们如何界定广告与如今互联网上的价值概念之间的区别呢？用最简单的话说就是，**广告意味着在不考虑受众是否愿意接受的情况下，将信息强制性地传达给他们。而以价值为基础的方式则意味着了解受众的需求，然后向他们提供所需的内容。**

下面我们举一个实例：假设全球领先的家居建材用品零售商家得宝在 YouTube 上发布或是向现有的客户群发送了一则视频，视频中包含如何对房屋常见问题进行修缮，如何处理漏水的水龙头，如何清理厨房地板砖缝隙之间的污垢等内容，该视频为你提供了极为详细的分步操作指南，能够帮助你解决各种问题，从而帮你省下不少的钱。在这则视频中，家得宝并没有试图向你兜售任何东西，但它为你提供了切实的价值。事实证明，通过观看家得宝的视频，你可以自行解决漏水问题，而不必花 200 美元请一位水管工来修。在这种情况下，如果你需要一台铲雪机，当然更有可能去家得宝购买，因为你会倾向于选择已经为你提供价值的品牌。

请记住，在电视占据主要地位的时代，电视网与观众之间达成的协议十分简单：如果观众想观看节目，就必须观看广告。这是一场交易。品牌商为电视节目提供了资金上的价值，实质上也就等同于为观众提供了“免费”的电视节目内容。如今，这种交易早已不复存在了。没错，依然有很多电视频道会插播传统广告，但是不播送此类广告的频道日益增多，如 HBO、奈飞和 Hulu Plus 等，不胜枚举。而那些在订阅频道和 YouTube 等平台所形成的媒体环境下成长起来的年轻人，对中断性广告的耐心几乎为零。3 秒之后可以点击“跳过广告”，3，2，1……他们会毫不迟疑地点击“跳过”。

观众越年轻，对广告干扰的容忍度就越低。我在家里就亲眼见证了这种情况，我 10 岁的儿子马克斯和 8 岁的女儿阿莉都是在互联网时代下成长的一代，在 2 岁时就开始使用 iPad。只要一有商业广告出现，他们就会立马换到另一个屏幕上。他们对以前那个世界一无所知，而当时，人们不得不坐在那里，将传统广告看完才能观看实际想要观看的节目。想象一下，如果你所有的销售信息都包含在该商业广告中，你认为整个推广效果会如何？

那么，你应如何吸引人们来观看你的广告呢？很简单，你需要使你的广告具有内在价值。你需要将广告变成人们想要观看的内容。**这是新时代下的新规则：如果你希望观众观看你的信息，那么你必须为他们提供价值。**这就意味着，你问自己的第一个问题不应该是“我想说什么？”，而是“我的观众想看什么？”

这将归结为 3 个基本的问题：

1. 你的目标受众是谁？
2. 该目标受众群体将哪些事物视为非常有价值的内容？
3. 以何种方式向他们提供这些内容？

如果对于上述问题你已经有了明确的答案，并且能够为你的目标受众提供真正有价值的内容，那么他们会为此对你心存感激。这个时候，也许你就可以请求他们给出口袋里的那一美元了。

让你的内容不再被跳过

想要真正了解如何制作有价值的内容，我们就必须首先认识到有价值的内容与其他内容有何不同。那么，应如何区分出有价值的内容呢？

我们发现，衡量内容接收效果，也就是内容所具有的价值的最佳方法，就是互动参与率。对于社交媒体页面能否给用户造成有意义的影响，互动参与率是我们常用的衡量标准。它会针对每名与品牌内容进行直接互动的消费者进行衡量，并将衡量结果表示为接触该品牌的人数比例。这是一个非常有价值的数据点。让我们来看一下该数据点至关重要的原因。

在电视的黄金时代，虽然品牌商会在电视广告上花费数千万美元，但是就观众对广告的接受程度如何，他们却很少得到反馈。假设有 1000 万人观看了美国国家广播公司的《老友记》（*Friends*）等热门电视剧，而某品牌选择了在此类热门节目中插播广告，那么，在这 1000 万人中，实际上有多少人观看了该广告？品牌商没有办法知道或者测量这一点。也许其中有一半人在插播广告时去了洗手间、去拿了杯饮料、去打了通电话，或者人们在将剧集录制下来的时候把广告全都删减掉了。事实上，品牌赞助商永远不会知道真实的情况究竟如何。虽然尼尔森公司对广告也展开了一定的检测和分析，但对于实际上观看过该广告的人而言，广告究竟对他们产生了多大的影响力，能否使品牌对他们产生长期吸引力并促使他们购买其产品？这一切都是未知的。

那么数字广告又有何不同呢？首先，几乎所有数字内容的观看量和转化率都是可以测量的。社交网络拥有无数的数据和无数人的信息，并且所有这些数据都在由数十亿活跃用户进行实时更新。数据如影随形地跟随着我们。每当有人点击任何一个按键，数据上都会有记录。每当有人跳过广告、停止对某项内容的订阅，或者不愿意看到某些内容而滑动屏幕时，所有这些操作均被大量服务器记录下来。这些服务器是由不断更新和发展的人工智能网络所组成的，我们通常称之为算法。

这会不会听起来有点儿像科幻片？问你的 iPhone 试试，Siri 可能会给你一个非常聪明的答案。“她”也是算法。

实际上，有一种说法称，我们人类也全都是算法。或者至少，我们人类的行为能够以算法来诠释。换句话说，对于任何人，如果你掌握了足够多的关于他的数据点，那么实际上，你都可以预测他的行为，并且你所预测的准确程度比他们的朋友、家人甚至他们自己预测的准确程度还要更高。

来自剑桥大学和斯坦福大学的研究人员开发了一种计算机模型，利用该模型可以判断人的性格特征，其精准程度令人吃惊，并且该模型所使用的数据仅来自判断的对象在 Facebook 上的行为。当研究人员将该模型的判断与亲朋好友的判断进行比较时，对比结果令人吃惊：通过算法进行的性格特征预测，比任何人类参与者的预测都要精准。

计算机更精准。

实际上，计算机在这方面的优异程度远不止于此。在性格特征预测方面，计算机只需要掌握你在 Facebook 上的 10 个点赞数据，就能击败你工作上的同事；掌握 70 个点赞数据，就可以击败你的室友；掌握 150 个点赞数据，就可以击败你的父母或者兄弟姐妹。那么配偶呢，这个可以说是在这个世界上比任何人都更了解你的人，计算机需要掌握多少数据才能击败他？答案是只需要你在 Facebook 上的 300 个点赞数据即可。

这意味着计算机将会在实际性格特征分析领域取代人类。

在我们公司，大家早在多年以前就认清了这种现实。Facebook 尤其擅长了解人们，甚至比当事人自己更加了解他们。并且，由于人们通常并不重视对此类数据的保护，因此，对于那些没有做好隐私保护的用户，Facebook 会将他们的数据提供给任何想要解读此类数据的人。①

再回到之前探讨的互动参与率上。互动参与率是直接测量某人与他们所接触到的内容进行交互的次数，我们认为对于测量某项内容的价值而言，它是最简单且最容易获得的数据点。

具体来说，计算互动参与率的方式如下：

- 当一名用户滑过你的广告，没有停下来观看这则广告时——计 0 个点。
- 当一名用户停下来，观看广告长达 3 秒钟或更长时间时——计 1 个观看点。
- 当一名用户给出点赞、皱眉或其他表情符号的反应，或者对广告发表评论或分享时——计 1 个互动参与点。

用“互动参与点”除以“观看点”，就能够得出互动参与率。例如，如果有 100 个人观看某则视频，有 2 个人以某种方式参与了互动，那么该视频的互动参与率则为 2%。

如你所见，仅仅提升广告的观看次数，本身并没有多大意义。因为观看次数中包含了许多只停下来观看 3 秒钟视频然后滑动页面继续浏览其他内容的人，而这不会对你产生任何有意义的实际影响。

---

① Facebook 曾在 2020 年因侵犯用户隐私而引来了史上最大隐私诉讼案，并向用户支付了巨额赔偿。我们反对任何公司以任何非法形式窃取用户的个人信息，坚决维护每个人的网络隐私权。——编者注

只有那些真正参与进来、与你的内容进行互动的人，那些点赞、评论或者分享你的内容的人，才是有价值的。人们往往只有在观看某项内容一段时间之后，才会与该内容进行互动，并且只有当观看的内容引起了他们真实的情感反应时，即他们切实产生某种情绪时，才会与之进行互动。而这种情感就是你得以与他人建立关系的邀请函。只有在建立起这种关系之后，你才能够最终接近他们并与他们展开沟通互动。

话虽如此，但根据我们以往的经验，实际上人们的互动参与率低得令人惊讶：一个品牌的互动参与率能达到 1% 的话，就是很好的成绩了。这个数字似乎低得离谱，但是请记住，我们在此谈论的是那些积极参与进来并选择与商业广告互动的人。这种要求可不低。试想一下，你在电视上看过多少本田汽车公司的广告，有多少能让你按捺不住冲动想要联系本田公司好跟他们的员工说一句“干得漂亮的”？又有多少能让你禁不住想要将之分享给所有的朋友，好让他们也全都一饱眼福的？

关于 1% 互动参与率的经验法则并非凭空捏造，而是通过对广告界最优质作品的测量和计算所得出的结论。对于数字广告作品而言，最权威的基准来自《广告时代》（*Ad Age*）杂志，该杂志于 1930 年在芝加哥创办，如今已经成为全球知名媒体品牌，其业务内容主要是发布关于营销和媒体的分析、新闻和数据。他们还发布了“广告时代病毒营销排行榜”，列出当月最优质的线上营销内容。

2017 年“广告时代病毒营销排行榜”中广告的互动参与率中位数为 0.87%。这意味着，如果有 100 万人看过某则广告，那么大约有 8700 人会进行点赞、分享或者发表评论。这还是最优质的广告所获得的成绩。其中包括丰田、可口可乐、福特等知名品牌，这些知名企业通常每年都会在广告推广方面投入数百万美元，才获得这些成绩。

简单提一下，仅供参考：我们公司同一时期制作的广告，所拥有的互动参与率中位数为 2.09%，比“广告时代病毒营销排行榜”上的广告互动参与率中位数高出 140%。

既然我们将人们的“分享”视为营销界的不二法宝，那么不妨再对这两组数据进行进一步研究，细看一下两组数据中人们“分享”的数量。我们在 2017 年制作的营销活动视频所获得的分享次数，相较“广告时代病毒营销排行榜”中所有其他前 200 名最佳视频而言，要高出 550%。对于一个名不见经传的后起之秀来说，这份成绩挺不错的吧！

给客户带来欢乐

在过去的几年中，我们与几十个主要品牌展开过合作，共同创造了许多对于观众而言有价值的并具有超级分享力的内容。对于我们公司来说，其中一些品牌比较容易开展推广活动，而另一些品牌所属类别的推广活动则较难开展。我们面临的最棘手类别之一，便是手机运营商，因为似乎每个人都不喜欢他们的手机运营商。因此，当我们与板球无线签订第一个推广合作的合同时，我们就知道自己面临着一个巨大的挑战。

板球无线通过研究清楚地得知了消费者行为模式，即当消费者真正认为某品牌拥有积极正面的形象时，他们才更有可能购买由该品牌提供的无线网络套餐。板球无线交给我们的任务很简单：制作使板球无线更招人喜欢的内容。这个任务所包含的理念与我们不谋而合！他们甚至为新的营销方式创建了宣传标语：给客户带来欢乐。

这条宣传标语完美地展现了何谓以价值为基础的营销方式。众所周知，社交媒体上有着大量负面的信息。通过经验以及公司内部的研究，我们得知，当人们不断接收到负面消息时，他们会喜欢上能够使他们开心的、轻松有趣的内容。如果一个品牌能够给观众带来欢乐，那么这不仅触发了具有超级分享力的幸福感，也给观众带来了有价值的内容。由于这些内容使观众的生活变得更加美好，因此观众更有可能以欣赏的眼光来看待该品牌，从而也就增加了他们选择该品牌的可能性。

因此，在确定了将重点放在如喜悦、感激和钦佩等具有超级分享力的“欢乐”情绪上之后，我们开始制订营销计划。

我们为板球无线制订的第一次营销计划是在 2016 年母亲节前后。我们希望制作一则向母亲们致敬的视频，并且以一种富有娱乐性的方式来表达我们的敬意，因为如此一来，孩子们也能喜欢这则视频。我们的智囊团产生了一个非常搞笑的想法。当时网络上有一个热门话题——“照片炸弹”，它指的是人们意外地闯进别人的照片中，因为抢镜而使照片原本的意义受到了破坏。我们的想法就是以此为蓝本，制作另外一个搞笑版视频。由此，我们制作了恶搞版的“照片炸弹之妈妈抢镜”，视频中那些感到自己被孩子冷落的妈妈们，通过“抢镜”的方式，重新出现在孩子们的照片中。由于我们将重点放在为观众提供价值上面，因此该视频引起了妈妈和孩子双方的共鸣，不仅总观看次数超过了 1000 万，并且在一个月内使板球无线在 Facebook 上的互动参与率提高了 10 倍以上。而这些成绩还仅仅是开始。

第二次推广活动就是以约翰·塞纳为主角的视频，视频中他破墙而出、突然出现在粉丝面前。这则视频大获成功，成为 YouTube 史上第一个连续 3 个月出现在“YouTube 广告排行榜”上的品牌视频，并且在第一个月就荣登榜首。该视频总共获得了 8000 万的观看量，更重要的是，它将板球无线社交频道的互动参与率提升到了 2.42%。

从那时起，我们公司又陆续为板球无线设计并制作了 12 次营销推广活动，其中包括圣诞老人给未成年的孩子们派送圣诞礼物、庆祝西班牙遗产、约翰·塞纳视频的火爆续集等，这些视频最终都成为世界上分享量最多的广告之一，并且都紧扣“给人们带来欢乐”这个创意主题。这也再一次验证了：为观众创造价值才是营销推广活动的立足之本。

这些营销推广活动成功地改变了板球无线在电信行业中的地位。推广视频火爆起来之后，谷歌上关于板球无线网络的搜索量猛增 700% 以上；品牌与客户之间的互动率飙升 500% 以上；视频的销售转化率要比板球无线网站流量的销售转化率高出 300% 以上。在过去的 3 年中，该公司的互动参与率从行业的最后一位上升到了第一位——这一结果何尝不是“给人带来欢乐”的呢？

而这一切，都是因为我们聚焦于价值。

打造爆款视频的策略 BREAK THROUGH THE NOISE

吸引更多观看的 3 个基本问题

- 你的目标受众是谁？
- 该目标受众群体将哪些事物视为非常有价值的内容？
- 以何种方式向他们提供这些内容？

REC

BREAK

Through the NOISE

第 4 章

法则 4，传递你的独特声音

独特、可识别、可定义的 4 个关键

BREAK THROUGH THE NOISE

品牌需要将自己拟人化，

使自己变得独特、可识别、可定义，

用独特的声音

成为独一无二、易于识别的存在，

只有这样，才能冲破噪声、抵达受众。

在理解价值之后，下一步就是要找到你用来传达价值的独特声音。有时，这并不是一件容易的事情。

当我和合作伙伴在 2014 年创立公司时，公司名其实并非“Shareability”（超级分享力）。我们最开始将公司命名为“Contagious”，取“传染”的意思。公司里的所有员工都喜欢这个名字。它带着点招摇的意味，这对于当时作为后起之秀的我们而言，再合适不过了。那时候，“病毒视频”风靡一时，而我们制作的视频正是互联网上最具“传染力”的视频，就像病毒一样在互联网上迅速传播开来。我们的作品开始在媒体界广受好评，这让我们以为自己将在线上营销领域独占鳌头。

直到有一天我打开邮箱，看到一封奇怪的邮件，打开之后我发现，竟然是来自一家英国公司的起诉状。该公司在起诉状上称，他们已经将其公司命名为“Contagious”，并要求我们立即更改公司名，否则他们就会将我们告上法庭。

起初，我们都很生气。该公司所经营的业务跟我们毫不相干，他们凭什么要求我们更改公司名？

然后我们发誓要与之抗争到底。我们的士气大概持续了 4 个小时，随后我们的律师告诉我们，如果选择与该公司对簿公堂的话，我们不仅会败诉，并且还会遭受较大的经济损失。

我们蔫了。现在听起来可能有点儿蠢，但当时整件事给我们的感觉就像公司快要经营不下去了一样。我们一连好几天坐在办公室里讨论，试图给公司取一个新名字，但所有人都毫无头绪。我们当时极其渴望保留这个前卫新潮的名字，甚至都切实考虑过将“Contagious”的拼写改成以“z”结尾来作为公司名。

最后，我们不得不接受这样一个事实，那就是我们必须想出一个新的公司名称。而就在此时，有趣的事情发生了。当我们将公司的理念在白板上列出来的时候，我们开始意识到，“Contagious”这个名字实际上是有一定局限性的。没错，它是听起来很酷，但它同样带有一些负面含义，即它包含一些“使他人受到感染”的意思，此外，它也与“病毒”一词直接相关，而“病毒”一词从两年前就一直是营销界的流行语，现在开始让人觉得不那么新颖了。照此发展下去，一两年之后该词是否会令人感到乏味，也未可知。

上述做法使我们第一次真正停下来思考，并将公司的立场理清楚。当时，Facebook 上还很少有人发布视频，而“在线分享”的概念才刚刚开始流行。“具有分享力”与“具有传染力”意思极为相似，但实际上，对于我们的公司理念而言，“分享力”一词更为贴切。它不仅包含更积极的含义，并且它主要表达了“社交媒体是一个相互联系的生态系统，在此人们会与他们的朋友和家人进行内容分享”这样一个概念。这是一个多么强大的概念！

相较在网络上传播不受控制的病毒式内容而言，分享则更加私人化。它包含了我们成立公司的初心：对于那些聘请我们设计具有前瞻性的推广活动的公司而言，它意味着我们愿意与品牌合作伙伴共担风险；而对于我们的员工而言，它意味着公司愿意与员工分享一切利益。而这一切，正是我们公司经营理念的核心。因此，这个新名字也就代表了我们的声音：Shareability（超级分享力）。当时，英文词典中甚至都没有这个词。而如今，大多数词典已经将这个词收录进去了，并将其定义为事物所具有的分享力，尤其指网络环境中的事物。

4 年之后，“病毒”一词已经让人心生厌倦了，在线上营销领域，它甚至成了一个人们不愿提及的词。相反，每个人都在谈论创建一个“具有超级分享力”的品牌。在为世界上一些知名的品牌和人物制作具有可分享力的推广内容时，我们公司的理念与市场的发展方向不谋而合。类似于个体希望在线上创建个人形象，名人本身也成了品牌，而品牌是特征的积累，正是通过这些特征，我们才能区分出一个个公司或个体。

我从没想到有一天我会这么说，但我很感激我们被起诉一事，因为这件事迫使我们找到了真正属于我们的声音。

了解自己的独特声音

即使你对与知名人士接触并无强烈愿望，但与名人一起工作，或者学习他们如何推广自身形象，都能够使你学到很多宝贵的经验教训。至少，该学习过程将为你提供一些独特的观点。

在创办超级分享力之前，包括运动员在内，我曾与许多名人合作过，为他们推广个人品牌形象。早年间，我在 The Marketing Arm 工作，该公司由企业家雷·克拉克（Ray Clark）创立，其总部设于达拉斯市（Dallas）。当时，我们公司代表 100 多名专业运动员，就他们的营销计划与外界谈判，其中包括芝加哥公牛队的斯科蒂·皮彭、绿湾包装工队（Green Bay Packers）的雷吉·怀特（Reggie White）等。后来，我成立了自己的第一家公司 Converge，那时候我们公司与许多职业扑克玩家合作，其中包括世界职业扑克锦标赛的冠军克里斯·莫尼梅克（Chris Moneymaker）和陈强尼（Johnny Chan）等。随着公司的发展，我们还设计了名人活动通用模型，这使我们能够为 200 多位名人管理他们所参与的活动，其中还包括一些好莱坞明星，如杰米·福克斯（Jamie Foxx）、玛丽亚·凯莉（Mariah Carey）、50 美分（50 Cent）、麦莉·赛勒斯（Miley Cyrus），当然，还有卡戴珊三姐妹（the Kardashians）。我们甚至曾在一整个夏季，在洛杉矶最负盛名的海滩之一——马里布租了一套价值 2000 万美元的海滨别墅，并在 60 天之内举办了 40 场名人活动。那真是段充满激情但难忘的时光。

从那时起，我们就与多位名人展开了合作，不仅为莱昂纳多·迪卡普里奥建立了基金会，还为肖恩·门德斯（Shawn Mendes）设计了新的品牌推广方案。

在长时间与名人的接触中，我学到了两件事：第一，永远不要与口袋里的钱和你的年薪相当的人打扑克；第二，那些拥有持久影响力的名人都有一个共同点：他们天生就了解自己独特的声音。

这是好莱坞众所周知的事实。想要以事实来验证的话，只需要看三个同名的好莱坞巨星就可以了：汤姆·克鲁斯、汤姆·汉克斯和汤姆·希德勒斯顿。尽管名字相同，但是观众绝对不会混淆他们。当你在影片宣传广告牌上看到他们其中一个人时，你立马就会知道他将给你带来什么类型的作品。克鲁斯将带给你充满魅力的动作片，汉克斯将给你带来发人深省的剧情片，希德勒斯顿则将给你带来充满谜团的悬疑片。

这三位明星都凭借出演的电影为自己精心打造了个人品牌，并以此进行了个人品牌推广。他们不仅发现了自己独特的声音，并且忠于自己的内心，这使得他们能够冲破噪声、脱颖而出，一举成为好莱坞最具票房号召力的明星。这三人中两位年龄稍长的明星，甚至随着年龄的增长而不断拓宽他们的戏路，与时俱进，以此来吸引年轻的观众们。

与此类似，好莱坞还曾一时间出现过好几位名叫克里斯（Chris）的明星。在《名利场》（*Vanity Fair*）的文章《好莱坞的克里斯化》（*The Chris-ening of Hollywood*）中，作者将好莱坞突然出现好几位名叫克里斯的英俊白人演员这一情况戏称为“克里斯化”。他们分别是：克里斯·派恩（Chris Pine）、克里斯·普拉特（Chris Pratt）、克里斯·海姆斯沃思（Chris Hemsworth）和克里斯·埃文斯（Chris Evans）。人们甚至不断混淆这四位明星，以至于当派恩在《周六夜现场》（*Saturday Night Live*）上登台宣传《神奇女侠》（*Wonder Woman*）时，他突然唱起歌来，试图向观众描绘清楚他到底是哪位克里斯。他站在四人的照片前，唱道：“我不是那位克里斯。我看起来像他，但我不是那位克里斯。”当他为自己发声时，人们便开始更好地认识他，并且开始更清楚地分辨这四位克里斯。

随着社交媒体的兴起，“为你自己发声”的力量已经逐渐从制片厂营销人员、公关人员和新闻工作者手中慢慢转向个人手中。突然之间，名人能够以前所未有的方式直接与粉丝们进行交流，这使他们有机会进一步打造自己独特的声音，并不断扩大自己的影响力。

在这方面成绩斐然的名人，都是那些能够认清并传达自己独特声音的人。要么爱上她，要么讨厌她，金·卡戴珊能够非常清楚地认识自己，并且每天在社交媒体上将这种极具“个人品牌”烙印的信息传达给她的粉丝们。她走的是性感路线，过着好莱坞名流光彩照人的生活；同时，她还是一位十分顾家的好妈妈，并且常常自黑自嘲。她会在社交媒体上拥有超过 2.2 亿的关注者，也就不奇怪了。

又如以有“巨石强森”（The Rock）之称的道恩·强森（Dwayne Johnson）为例。巨石强森不仅在影片中是超级英雄，而且在现实生活中也同样能量满满。他在 Facebook 和 Instagram 上发布充满激情地健身的视频，传递鼓舞人心的消息，并与他的朋友和粉丝们一起展示野外冒险活动。这种不间断的娱乐体验，向人们传递着积极和团结的力量，这是专属于巨石强森的声音。如今，他已经成为全世界最受关注的名人之一。

尽管这些新平台具有强大的影响力，但奇怪的是，在社交媒体诞生之初，许多名人却迟迟没有采用这种新的社交方式。实际上，许多好莱坞明星被告知，这些新兴的社交媒体档次不够，而且如果他们与粉丝群直接互动的话，无异于自降身份。事实证明，这个建议糟糕透了。那些早期接受新兴社交媒体的名人们，都因其首发优势而收获了丰厚的回报。更重要的是，那些没有及时接受线上营销推广的名人在网络上留下了巨大的空缺，这使得新的声音如雨后春笋般涌现，新人们纷纷以极快的速度圈粉。

这就是社交媒体上明星诞生的原因。

传递自己的独特声音

在互联网未普及的时代，打造名人是一项巨型工程。艺术家需要籍籍无名地潜心工作很多年，磨炼自己的技艺，等待着实现重大突破。这些重大突破可能来自与某知名唱片公司签订合同，从某电影公司获得一个令人垂涎的角色，或者被约翰尼·卡森（Johnny Carson）邀请去《今夜秀》做现场嘉宾，等等。在好莱坞，有权有势的人以及制片厂、网络媒体和唱片公司的高管们，对于将谁推为下一个明星拥有绝对的话语权。那时候，对于想成名的人来说，确实没有其他途径可以使他们名利双收。他们不得不日复一日地在好莱坞这台机器上打磨自己，并期待着好运的降临。

互联网的出现粉碎了这种模式。有史以来第一次，权力握在了每个人自己手中，人们每天都可以通过各种渠道播送信息。那些擅长此道的人，能够影响到成千上万的观众，从而跻身真正的名人之列，而无须经由好莱坞造星机器的选拔。我们进入了一个以惊人的速度创造“网络名人”的时代，有些人几个月前还住在父母的地下室里，几个月后他们就迅速成为国际网络红人，拥有着数百万的订阅用户。这样的事例屡见不鲜。

亲眼见证这种情况的发生，使我们对互联网时代创造名人的方式有了新的看法。我们公司的经营范围，也让我们切实深刻而清楚地观察到了，那些籍籍无名的人如何转瞬之间就变成了国际巨星。因此，我们得以客观地判断出为什么有些人能够冲破噪声、脱颖而出，而另一些人的尝试却以失败告终。

如果你回顾成功案例，那么有一个主题就会非常清晰并且重复性地展现在你眼前：在社交媒体上大获成功的明星们，往往都是那些对自己独特的声音了如指掌的人，他们将这种独特的声音传达给整个数字世界的观众。

找到自己的声音，杰伊·谢蒂（Jay Shetty）就是一例。

如今，谢蒂已经成为 Facebook 上全球影响力最大的人物之一。你可以将他视为托尼·罗宾斯（Tony Robbins）[①] 的年轻版本，因为他同样是以一种既吸引人又有趣的方式向你分享改变人生的智慧。2016 年，谢蒂刚开始开通自己的频道时，根本没有多少人听说过他。但到了 2018 年时，他的粉丝人数突破了 1800 万，他发布的视频获得了超过 30 亿次的观看量，并在此过

---

① 托尼·罗宾斯：美国企业家、畅销书作家和慈善家，当今世界具有极大影响力的世界级潜能开发专家，曾为众多世界名人提供过咨询，包括南非前总统曼德拉、美国前总统克林顿、英国戴安娜王妃等。——编者注

程中创造了获利数百万美元的机会。

如此迅速地获得成功，他是怎么做到的？就像所有一夜成名的故事那样，这一切都并非在一夜之间发生的。

谢蒂在英国伦敦长大，他小时候性格害羞、内向，经常受别人欺负。在16岁那年，正是敏感脆弱的年纪，他失去了两个最好的朋友，一个因车祸丧生，另一个因帮派斗殴而丧命。从悲剧中振作起来之后，他设法考入了商学院并获得了荣誉学士学位。当时，对于一个刚刚毕业的22岁年轻人来说，企业界设限太多，令人感到太过约束。这时，他迈出了人生具有纪念意义的一步——谢蒂脱下西服，换上了长袍，剃了光头，以一名僧侣的身份走遍了印度和欧洲各国。

他花3年时间研究了古代东方哲学，身体力行地定期禁食，并且每天冥想数小时。在那段日子里，他将一半的时间花在个人成长上，另一半时间则用于帮助他人。他在印度和欧洲各国为有需要的人建立可持续发展的村庄，并在全球各地指导千禧一代，带领他们去探寻意识、幸福感和成功的意义。

回到英国后，谢蒂搬回了父母的住处，他不仅身无分文，按照西方的标准来说，他还已经断送了自己的前程。他以前在商学院结交的朋友们，如今都担任着高层要职，而谢蒂则时常连公交车都坐不起。但是这时，一些有趣的事情发生了。他的旧友们开始邀请他去各自的公司演讲，将他从旅行中获得的那种平和的心态和意识带入商业世界。事实上，他的这些旧友们每天都承受着巨大的压力，他们需要有人来对他们进行指导，向他们传授人生的智慧。而这些恰恰是谢蒂大量拥有的。

在此过程中，谢蒂开始制作励志类视频。尽管这些视频很不起眼，且来自一个名不见经传的小人物，但它们却展现了高度的真实性。这些视频不仅反映了谢蒂是谁，同时也展现了他从自身独特的经历中获得的见解。简而言之，他自始至终都忠于内心。

这些视频引起了阿利安娜·赫芬顿（Ariana Huffington）的注意，赫芬顿邀请谢蒂与《赫芬顿邮报》网站开展合作，此举使谢蒂迅速拥有了一批忠实的粉丝。不到一年的时间，谢蒂创立了自己的影视工作室，并开始发展自己的个人品牌。

如今，谢蒂正朝着 1 亿粉丝的大关迈进。他为人们在日常生活中遇到的种种问题提供帮助，所发布的内容不仅出发点十分友好，并且易于获得、极具吸引力，标题也通俗易懂，例如《如果你处于一段异地恋关系中，看看这个视频》（*If You're in a Long-Distance Relationship, Watch This*），《如果你觉得缺乏方向了，看看这个视频》（*If You Need Direction, Watch This*）等。为了保持初心，他的所有视频内容都由赞助商支持，免费提供给人们。谢蒂确实是在单纯而不求回报地为粉丝们提供宝贵的价值，这也是他之所以拥有如此高人气的原因。而人们给他的回报同样也是最具价值的，即他们的关注。

忠实于自己独特声音的另一个例子是理查德·威廉姆斯。当然，人们更熟悉他的另一个名字——Prince Ea。Prince Ea 是一位演讲者和诗人，他创作了许多引人深思的饶舌作品，其内容涵盖教育和环境等主题。我在前面说过，我们公司曾与他合作拍摄了他的饶舌诗视频《我要控诉现代教育制度！！》。他不仅有着高尚的精神，内心还充满了爱，他向数百万的粉丝宣扬理解和同情心的力量——他同样是历经坎坷才获得成功的。

Prince Ea 在密苏里州圣路易斯犯罪率较高的地区长大，他从小就梦想着成为一名说唱歌手。他想赢得世人的尊重，梦想能有一天在台上表演，台下聚集着成千上万狂热的粉丝。他朝着这个目标奋斗了多年，小有成就，也获得了一些突破性的进展。但他永不满足，始终向那些比自己优秀的人看齐，试图找出自己与他们之间形成差距的原因，好把事业不断向前推进。许久未能走红，Prince Ea 变得很沮丧，于是退出了说唱圈。他意识到，自己所追逐的梦想使他痛苦不堪，而他真正想要在音乐事业中寻找到的，只不过是幸福而已。他并不是真的想成为嘻哈明星，他只是想变得快乐。

认清这一点之后，他开始寻找通往幸福的另一途径。此时，他所受过的教育使他受益匪浅。他曾以全额奖学金就读于密苏里大学圣路易斯分校，并以优异成绩毕业，获得人类学学士学位。在放弃之前的梦想之后，他开始阅读与灵性相关的书籍，不论是古代还是现代的书籍，只要能找到的，他都一一认真研读。在这种自我反省的过程中，他意识到，做任何事都无法使他找到真正的幸福，因为“做事”并非通往幸福的路径，只有“活在当下”才能获得真正的快乐与内心的安宁。

对生活获得新的领悟之后，Prince Ea 根植于内心的对表达的渴望又开始蠢蠢欲动，于是他再次拿起了笔。这一次，他写下的不再是说唱歌词，而是诗歌——现代、前卫、发人深省的诗歌。这些诗歌带有浓厚的饶舌风格，在当时，饶舌诗歌只是一种不太流行的艺术风格流派。但是这种风格流派是否受欢迎并不重要，Prince Ea 始终忠于自己的内心。这时，惊人的事情发生了：这些诗歌在观众中产生了反响。Prince Ea 的饶舌诗歌很快就使他之前创作的所有作品黯然失色，在受欢迎度、播放量、在观众中产生的共鸣程度等方面都远超旧作。观众非常喜欢他如今的作品，不仅积极参与互动，还与他人进行分享，这使得他的粉丝人数日益增多。

Prince Ea 一直都不乏才华，但是直到他找到自己真正的声音之后，他的事业才开始腾飞。如今，他已成为网络上的知名人物，找到了最适合自己的成功之路。他所拍摄的视频让“聪明”变成了“酷”的新代名词，他以非常私人化又具有普遍适用性的方式，来阐述复杂的主题，其视频不仅包含情感和智慧，还与当下社会问题有着高度的相关性。

Prince Ea 和谢蒂的相似之处在于，他们都专注于精神和灵性，并且总是以一种积极的态度来理解我们的世界。当然，这并非通往成功的唯一途径。粗鲁、世俗的声音同样能够获得成功，来自加拿大的印度裔网络红人莉莉·辛格（Lilly Singh，也称“IISuperwomanII”）就是很好的证明。

辛格的视频大多以征服生活、做生活的“主人”为主题。她独特的声音极具冲击力，因为她总是表现出一种“永不退缩”的真诚态度，而且还常常毫无保留地表达自己的观点、展现自己的价值观，并能毫不留情地拆穿说谎的人。她致力于增强年轻女孩们的自信和能力，帮助她们克服在学校的恐惧，帮助她们反霸凌，使她们能够在荆棘丛生的成长之路上不断前行。对于那些冥顽不灵的傻瓜们，她则会用粗鲁、滑稽和不加掩饰的方式来嘲笑他们的无知。总之，她总能以一种无所畏惧、易于理解且风趣幽默的声音来传达自己的信息。她用视频来展现自己所遇到的不公正、偏见和自我怀疑，她的人生观、她所传达的信息以及她撰写的畅销书，都越来越多地引起了观众的共鸣。

辛格的热门视频之一是《一堂给种族主义者的地理课》（*A Geography Class for Racist People*）。曾有一个恶意挑衅的人在她的帖子中评论说：“滚回你的国家去吧，你这个巴基斯坦—阿富汗—印度女人，让美国再次伟大。”这段评论中错别字连连，甚至连“美国”都拼写错了（“美国”英文为America，评论者错写为Americ）。正是这段评论让辛格决定制作上述视频。

辛格并没有为此与其展开一场毫无意义的争论，而是利用这个机会，直接向观众讲述了一个事实：当世界上发生灾难或者恶性事件时，一般会出现两种人——一种是不会让恐惧将彼此分开、选择团结共进的人，另一种则是不配在互联网上发声的种族主义白痴。

辛格真的给这个种族主义白痴上了一课，并说道：“我就是不喜欢看见别人无知的样子。就算你要做一个种族主义者，至少请别闹笑话。”视频中的辛格站在一张世界地图前，用嘲弄的态度讲了一堂地理课，在向那个种族主义者讲话时，她故意表现得要配合对方的认知水平，言语之间满是讽刺，其中还夹杂着一些有趣而通俗的评价。“恐怕你已经好几年没有机会用过你的护照了，”她狡黠地笑着说道，“但别担心，这一次我送你飞。”然后，辛格不仅指出挑衅者让她滚回去的地方根本不是一个正确的国家名称，而且指出自己实际的祖国加拿大与其他国家之间的距离；同时，她还说道：“印度、巴基斯坦和阿富汗实际上是 3 个不同的国家，你这个蠢人。”

该视频堪比喜剧小品的经典教学视频，不仅对停顿的节点和时长把握得精准到位，而且整个视频所使用的言语也幽默风趣，其中穿插的刻薄批评也恰到好处。同时，该视频还旨在实现一个更高的目标，即打击那些恶意宣传美国民族主义的丑陋嘴脸，使人们更多地将焦点放在包容性、同情心和教育之上。

这种风格与辛格的个人品牌形象完全吻合，观众十分买账。辛格拥有 3500 万名粉丝，其制作的视频也获得了数十亿次的观看量，这不仅使她一举跻身《福布斯》收入最高的 YouTube 明星之列，更重要的是，她还被任命为联合国儿童基金会亲善大使——她十分珍视这份殊荣。

上述这几位有影响力的人，以及许多其他有影响力的人，他们之所以能够取得如此巨大的成功，并拥有如此众多的粉丝，皆因他们找到了自己独特的声音。他们都是以忠于内心、忠于真我的方式向观众传递信息。

品牌需要向他们学习，以同样的方式进行思考。或许你会认为从法律角度而言，将公司视为个人不符合逻辑，但从营销的角度来看，这是唯一的出路。品牌需要将自己拟人化，使自己变得独特、可识别、可定义。它们需要以清晰而鲜明的声音在狂热的营销战场中脱颖而出，用独特的声音成为独一无二、易于识别的存在，只有这样，才能进一步冲破噪声、抵达受众。

你的理念就是你的声音

从人格原型转化到品牌原型，并非简单的线性转换，但也不至于如登月计划那么难。在传统广告大行其道的日子里，品牌的理念经常由麦迪逊大道（Madison Avenue）① 来定义，由广告公司来告诉品牌商应该如何思考。品牌商会向广告代理商支付数百万美元的报酬，让他们想出一些能够将品牌理念以寥寥数语囊括其中的口号。许多口号在营销推广中大放异彩，甚至成了公众意识的一部分，但是，这并不意味着这些口号能够真正定义品牌的理念。

例如：

- 好口味，不易醉（Tastes Great, Less Filling）——美乐啤酒
- 指尖留香，回味无穷（Finger Lickin' Good）——肯德基炸鸡
- 出行不能没有它（Don't Leave Home Without It）——美国运通公司

如你所见，这些口号十分简洁地定义了产品。"指尖留香，回味无穷"指出了肯德基的炸鸡非常好吃，好吃到你吃完炸鸡还想舔掉手指头上的碎屑。但是，这句广告语并没有包含该品牌或其理念的实际信息，它只表明"我们店里卖美味的炸鸡"。这种朗朗上口的广告语在 50 多年来一直非常有效，但是现在，快餐连锁店如日中天的日子已经一去不复返了。肯德基不得不放弃他们这句著名的广告语，寻找更贴近时代潮流的方式和内容来传达它

① 麦迪逊大道：纽约曼哈顿区的一条知名大街，美国许多广告公司的总部都集中在这条街上，因此这条街逐渐成了美国广告业的代名词。——编者注

们的信息。截至笔者撰写本书时，它们仍在寻找。

这并不是说朗朗上口的广告语已经过时了，它们仍可以通过赋予其时代精神来发挥作用，但如今的广告语不能只限于去定义一种产品，而必须去定义品牌的理念。消费者的品牌意识与日俱增，而品牌的理念作为品牌的核心影响力，将比以往任何时候都更加重要。与单纯以产品为重心的品牌相比，那些在消费者心中树立起了有诚信、有社会良知的形象的品牌，则吸引了更多消费者的关注。

有时，一句优质的广告语同样能够表达出一个品牌的精神和本质。例如：

- 只管去做！（Just Do It!）——耐克
- 你值得拥有（Because You're Worth It）——欧莱雅
- 非同凡想（Think Different）——苹果

此类朗朗上口的广告语包含了更深层次的意义，它们可以用于构建在线叙事和营销策略，因为它们能够告诉消费者该品牌情感和价值层面的信息，而不局限于产品层面。

请注意一点，这些广告语都没有说明或是指向任何特定产品以及产品属性。“只管去做！”这句广告语，可能来自某个尿布品牌、宠物食品品牌，或者一家跳伞培训学校。你可能会觉得上述这句话听起来有点蠢，那是由于现在该广告语与耐克如此紧密地联系在了一起，以至于我们很难想象该广告语如果是出自其他品牌将会如何。三个简单的英文单词，再加一个感叹号，清楚地传达了一种勇往直前的精神，一种不断将自己推向极限、不断奋斗的精神，而奋斗的目标可以是任何事物。该广告语不仅向你传达了品牌的理念，还向你发出了精神上的呼吁，这会使你在选择该品牌时自我感觉良好。而该广告语没有传达出关于鞋子的任何信息。

同样，“你值得拥有”并没有指向任何特定产品，而是代表了一种价值观。这句广告语告诉你，在你想宠宠自己或者奖励自己的时候，你就应该选择这个品牌，因为无论该品牌所属类别究竟是什么，它都是其中的翘楚。如果选择了该品牌，就意味着你在鼓励你自己、使自己开心——因为你值得拥有这些。尽管如此，在这个社会迅速觉醒和社会意识不断提升的时代，对于欧莱雅来说，这句广告语还能持续发挥多久效力，则是个未知数。

“非同凡想”是一句经典的广告语，对于广大消费者而言，它不仅囊括了苹果公司的理念，还与史蒂夫·乔布斯有着莫大联系。该广告语之所以取得了极佳的效果，是因为它简单纯粹，忠于公司最根本的理念。它与苹果公司历史上一个特定的分水岭时刻紧密相关，该时刻不仅将苹果公司成功定义为业界的后起之秀，还决定了整个家用计算机行业的未来，并在很大程度上促成了移动媒体的革命。若非这场移动媒体的革命，本书也就不会得以问世。

这一切都可以追溯到 1997 年，那年，在被自己联合创办的苹果公司驱逐出董事会十多年后，史蒂夫·乔布斯重新回到苹果公司。当时正值苹果公司急需转型之际，他的归来促使苹果公司开始了一场艰难的变革。公司组建了一个全新的董事会，发布了新的产品，停产了旧的产品线，并通过与微软签订授权协议解决了两家公司长期以来的法律纠纷。随后，乔布斯将目光转向了营销推广上面。

苹果公司所聘请的广告代理公司 BBDO 提出，以“我们回来了”作为新的广告语，当时每个人都很喜欢这句广告语，唯独乔布斯不喜欢。他说，这句广告语很愚蠢，因为苹果公司并没有真正重回正轨。他说得没错。苹果公司并未重回正轨，离真正夺回市场份额还有很长一段路要走。他们需要一个能让他们再次在市场上站稳脚跟的契机。

于是，乔布斯向其他广告代理商征集想法。其中就有 Chiat / Day，苹果公司的著名商业广告《1984》就出自该广告公司的团队之手，苹果公司通过该广告成功地推出了第一台 Macintosh 个人计算机。这一次，Chiat / Day 根据苹果公司的核心理念创作出了“非同凡想”系列广告。乔布斯对此十分中意，因为他认为该广告把握住了苹果公司的核心理念——苹果公司的初心以及如今需要重新坚守的理念。

当苹果公司推出第一台 Mac 时，关于个人计算机的想法几乎是异想天开的、不切实际的科幻胡话。当时，计算机体型庞大，需要存放在仓库中，并且价格昂贵，只有大型公司才能负担得起。每个人家里的桌子上都能放上一台？苹果公司显然是疯了。

那就不如，向那些拥有天才般创意的家伙致敬吧。以不同的方式思考，或者“非同凡想”，虽然语法不太对，但该系列广告所体现的理念，正是苹果公司从创始之初就一直秉持的理念。乔布斯离开后，苹果公司没能继续把握住该理念。他们开始提供软件授权，将硬件的制作和开发分包出去，并开始将计算机制作成市场上千篇一律的灰盒子。他们失去了自己与众不同的声音。在乔布斯重新掌权之后，他发起了“非同凡想”系列广告活动，在此过程中，苹果公司成功推出了新的 iMac 系列电脑和 iBook 笔记本电脑，由此获得了丰厚的利润，公司的股价也随之飞涨。这是20世纪一段传奇性的“卷土重来”的故事，而这一切都是因为苹果公司找回了自己最真实的声音。

如何才能找到你最真实的声音？最佳方法是揭开一切华丽的外表，回归到你最初的想法——是什么让你认为你们公司所开展的业务是个很棒的主意。我们在超级分享力就是这么做的，苹果公司也不例外。当然，要想找到答案，请首先确保你说的是实话。

为了对此作出检验，我们根据经验制定了 4 个关键步骤，以帮助品牌顺利完成转型。如果你仍在苦苦寻觅自己的声音，那么下列步骤或将成为你的路线图，至少，能够给你一些指导性的建议。

开展基本研究，认清自己“不是”谁

通常，你会针对你的产品进行市场调研。但现在，你需要针对你的身份定位进行市场调研。这听起来似乎有点让人不知从何下手，你可以利用一些技巧，来规避调研目的过于宽泛的问题，以此来帮助你了解真相。

你可以从服务、产品、企业等方面来询问人们：他们是如何给你们公司定位的，在他们看来你们公司应该做些什么。实际上，他们给出的答案并不重要，重要的是你对这些调研结果的反应。要始终记住一点，你在寻找自己的真相，而不是别人的真理。

这意味着什么呢？举个例子，如果你们公司和超级分享力类似，是一家营销推广公司，而有人告诉你说：“你们应该去做广告代理商，与那些获利无数的电视广告商竞争，因为你肯定会在该领域做得很好！”这可能会令你觉得很无语。若是这样，你就得停下来仔细想想了：你为什么会觉得无语？

你并不是在寻找别人口中的真相，而是在通过自己对别人评价的感受，来认清你心中的真相。如果有半数的调研对象指出，你应该与传统广告代理商竞争，但你的直觉清楚地告诉你，这根本是一条错误的道路，广告代理商模式正在逐渐消亡，电视广告也即将成为过去式，数字化通信才是未来。如果这个时候你还选择听信市场调研的结果，那自然是很愚蠢的行为。

正如我们的首席创意官所说："统计是一门科学，它会告诉你，一个一只脚踩在火焰里，另一只脚站在冰窟中的人，整体来说，感觉好极了。"事实当然并非如此。他们受着冰火两重天的极端煎熬，但没有任何电子表格或者饼状图能够将这些真实的情感显示出来。

人类如同一台极为复杂的机器，我们所做的一切都是相互联系的，而其中最为重要的就是你的热情和成就。请记住，你的热情最为关键。虽然这并不意味着你会在任何你所热衷的事情上自然而然地获得成功，但至少，这意味着你已经赢得先机，拥有成功的机会。

你也许会问："如果我不是一个热情的人呢？"好吧，那你可能是不太了解你自己。每个人都会对某种事物充满热情，人类与生俱来就是如此。你需要做的，是确定你对何种事物拥有热情。它大概率并不是与"获得成功"或者"赚很多钱"等诸如此类武断、普遍化的目的相关的事物，而是一种奇怪的、非常个性化的东西，它对于你以及你们公司来说是独一无二的，并存在某种紧密的内在联系。

就我个人来说，我非常喜欢包装式营销。在一个优质的内容基础上，增加各种不同的内容和元素，再以一种非常新颖独特的方式结合起来，包装成一个生动有趣的故事，令每个听众都为之振奋，这就是我真正的热情所在。起初，当我意识到自己是一个热衷于讲故事的人时，我非常不愿意承认这一点，并一直在回避这个想法。因为这不仅听起来温柔细腻、带着艺术气息，而且似乎缺乏营利的潜力。但后来我意识到，故事意味着一切。而像色拉布、爱彼迎和 Beats 这样的公司，它们市值之所以能够达到数十亿美元，其原因都在它们的包装和定位故事之中，与这些公司详细的财务状况甚至利润率都没有关系——一切都只和它们讲的故事有关。而这种惊险刺激的游戏对于我来说有着莫名的巨大吸引力，不断思考和规划超级分享力公司的包装和定位，也是我真正能够为公司带来价值之处。

那么，你应该向谁展开调研呢？实际上，谁都可以。先从朋友、家人、同事们开始吧。认真研究与你的公司类似或者截然不同的公司，看看能否以此来加深对自己公司定位的认识。这种方式的核心在于，为你提供足够的时间和方向，使你能够听清自己内心的声音。

总之，要仔细倾听你内心微小的声音，它们能够告诉你前进的正确方向；同时利用外界公众的意见作为参考，它们能够带你避开不必要的弯路。

研究竞争对手，寻找市场机会

研究和了解你所在行业中已经存在的声音，也是一种帮你寻找自己独特定位的很好方式。这种方式的诀窍是找到一个与你所坚持的理念一致的市场缺口，而这就是最佳位置所在。

杰西卡·阿尔芭（Jessica Alba）和她创办的婴儿用品公司就是一个很好的例子。在早期的职业生涯中，阿尔芭出演了热播剧《末世黑天使》（*Dark Angel*）和热播电影《神奇四侠》（*Fantastic Four*）《罪恶之城》（*Sin City*）《情人节》（*Valentine's Day*）等，一举成为当红影视明星。当时，不论是她的形象还是声音，无不散发着神秘的好莱坞魅力。而这一切在 2007 年发生了彻底的改变，那年她发现自己怀上了第一个孩子。她作为母亲的本能开始显现出来，于是她开始研究和学习如何成为一名优秀的母亲。

她最早接触的书中，有一本是由克里斯托弗·葛文根（Christopher Gavigan）撰写的《身在毒中不知毒》（*Healthy Child Healthy World*），这本书对她产生了深远的影响。对于阿尔芭来说，这是一本教科书，它详细介绍了婴儿产品中有毒化学物质的危害以及这些化学物质与各种疾病的关系。而阿尔芭自己小时候曾经历过哮喘、出现过过敏症状，她坚信这些病史一定与她接触过有害婴儿产品相关。

当她发现，监管系统并未对消费者负起应有的责任，制造商们获允在婴儿洗发水和尿布等产品中添加未经测试的有毒化学物质以增加香味时，她非常愤怒。于是，她开始在市场上苦苦搜寻不会给婴儿带来危险的“天然无毒”产品。但搜寻的结果令她沮丧不已——市面上的无毒婴幼儿产品十分有限，而那些寥寥可数的无毒产品品牌要么质量很差，要么价格昂贵。

这段个人经历让阿尔芭听清了自己内心的声音，于是她做出了她人生中的重大决定：她要为那些要求使用高质量、安全无毒和价格合理的婴幼儿产品的妈妈们代言。于是，她成立了一个婴儿用品公司、命名为美国诚信公司（The Honest Company）。经过数年的时间，公司的经营计划才得以完善，启动资金才得以落实。在此期间，阿尔芭的第二个孩子都出生了。2012 年，该公司正式成立并开始运营。公司发展得非常顺利，因为它具有非常独特的声音，即它是一个愿意倾听父母心声、呵护孩子安全健康的品牌。也由于这个原因，该公司得以飞速发展，到 2015 年，其市值已达到 17 亿美元。

这整个经历对于阿尔芭来说是自然而然发生的，但这并不意味着你不能刻意为之。第一步是深入了解你想要进入的行业或范畴，然后仔细研究其中所有市场领先者的声音。尝试将每个声音简化为几个关键词，然后写下它们分别代表的含义。接着，将你的所有竞争对手视为一个整体，思考它们之间的差异和相同之处。你能否看到市场上还存在某块较大的缺口？对于一个谨慎的品牌来说，还有市场空间吗？如果是一个前卫的品牌呢？或者直接面向特定受众的品牌呢？市场的机会在哪里？如果你能够发现并确定某个市场机会，并且它与你所热衷的事物完美契合，就像阿尔芭所经历的那样，那么你同样可以跻身市场、参与竞争。

找到自己的声音也可能意味着个人职业生涯或人生道路的改变。我的合伙人以及超级分享力的共同创始人——尼克·里德（Nick Reed）就是一个很好的例子。

在好莱坞经纪业著名的艺人经纪公司——国际创新管理公司（International Creative Management，ICM）中，里德通过稳扎稳打成为好莱坞知名经纪人。他最初只是一名经纪人助理，之后晋升为经纪人，然后又升任 ICM 电影文学部的负责人。他的客户中包括一些顶级电影导演和编剧，例如杰伊·罗奇，代表作有电影“王牌大贱谍”系列（*Austin Powers*）和电影“拜见岳父大人”系列（*Meet the Parents*）等；安东尼·福奎阿，代表作有《训练日》（*Training Day*）；以及皮特·摩根，代表作有《对话尼克松》（*Frost/Nixon*）。同时，里德还代理了一些热门电影的宣传推广工作，例如《BJ 单身日记》（*Bridget Jones's Diary*）等。

里德每天的工作都很繁重，就连周末也没有时间休息。经纪业似乎有个不成文的规定：如果你周末没法加班的话，那周一就不用来上班了，因为你的工作已经被其他人替代了。虽然面临着巨大的压力，里德依然热衷于为演艺界中那些最有才华的艺人做代理，并将他们的作品顺利带到大银幕上，因此，里德一直埋头苦干。

但是随着时间的推移，经纪业的行业规则也开始发生变化。大型经纪公司必须不断扩张，才能够在竞争中立于不败之地，因此不断收购就成了公司的当务之急。其他经纪公司也在不断地挖他的客户。里德不仅需要与客户合作，还需要处理诸多人事问题，以及应付竞争对手的明枪暗箭和公司内部的权力斗争。直到有一天，他坐下来，看着自己取得的成就，仔细思考了一番他的职业理想。

没错，里德曾与一些最优秀的电影制作人和著名的电影明星合作过。但纵然这项工作需要创造力，他的大部分时间却花在了处理交易和解决问题上面。实际上，里德并没有在讲故事，而一直都是在协助别人。想通了这一点之后，在 2010 年，里德选择离开 ICM 去追求自己的创作理想，拥抱未知。他想做一些能够触动自己、滋养灵魂的事情。

运动的服装，包括滑雪、单板滑雪、冲浪、飞钓、划船、越野跑等，甚至如果你只是想在秋天凉爽的日子舒适地坐在户外咖啡馆，你都能够在这里挑到一件称心如意的衣服。但巴塔哥尼亚公司不生产机车夹克、赛车手套以及团队运动衫等，所生产的都是适用于在户外进行运动的服装和设备，那些运动主要注重个人成就，而非团队合作。

巴塔哥尼亚的价值观依然秉持着其刻在骨子里的极简主义风格，产品的设计也始终出于对简单性和实用性的考量。对户外、野外的热爱，使其加入保护大自然野生动植物的事业之中，不仅努力将生产过程中所产生的污染降至最低，还在环保事业中投入了大量的时间和精力，并将 1% 的销售额直接捐赠给世界各地的基层环保组织。

由于始终忠于这些核心价值观，并且能够保证产品质量，巴塔哥尼亚能够凭此从顾客那里赚取品牌溢价，因为人们愿意为这种有责任有担当的品牌支付额外费用。

如果将该公司的核心理念浓缩为一句使命陈述，那就是：巴塔哥尼亚的存在是为了“生产最优质的产品；不制造额外的伤害；并通过商业行为来激发并落实应对环境危机的解决方案”。对于一家已经经营 30 多年的老牌公司而言，如今的年营业收入仍然保持在 2 亿美元以上，这是相当不错的业绩了。

诚实至上

互联网自带一个超速运转且十分精准的谎言检测器。在电视广告时代里，人们需要写信给某公司，才能指出令人不快或具有误导性的广告语，或者等某家报纸对此作出相关报道。而今时不同往日，如今人们可以在广告发布之后立即发表评论——没错，他们实际上就是这么做的。你的声音或者你所发布的信息中，但凡有丝毫虚伪的成分在里面，你立马就会因此而栽个大跟头。

当然，对于一个规模不大的品牌而言，由此造成的破坏可能也比较小。但不妨考虑一下，当一个大品牌发布的信息中似乎包含有虚伪的成分时，将会带来何种后果。一个典型的例子就是百事可乐公司请肯达尔・詹娜（Kendall Jenner）拍摄的广告。

很久之前，可口可乐是软饮料行业中首屈一指的企业，是“真正的可乐”。当百事可乐出现时，百事可乐不得不想办法将自己与可口可乐区分开，并试图将自己打造成新的抢手可乐品牌。百事可乐以“新一代的选择”作为广告语，迅速成功地打开了年轻人的市场。

但是后来，百事可乐失去了年轻人的好感。2017 年，百事可乐制作了一条广告，在广告中，抗议者激烈地抗议警察暴力执法，与防暴警察展开对峙。而在最后一幕中，肯达尔・詹娜将一罐百事可乐递给了一名警察，此举化解了双方的冲突，示威群众为此集体鼓掌欢呼。[①] 这则愚不可及的广告试图将用可乐化解抗议游行作为其广告元素，结果只是降低了人们对百事可乐的好感。

这并不是说品牌的广告不能具有前卫性，不可以诙谐或者带有讽刺意味，只要它能够忠于品牌真实的价值观，那就是可行的。百事可乐的这则广告就是因为与其真实的价值观背离所以才导致了失败。塔可钟（Taco Bell）[②] 针对千禧一代所制定的“不上社交媒体”系列广告就做得非常出色。塔可钟在发布其包含送餐服务的应用程序时，关闭了其网站及其所有的社交媒体

① “庆祝生命中‘活在当下’的时刻”——百事可乐商业广告，首播于 2017 年 4 月。

② 塔可钟：美国最受欢迎的墨西哥连锁餐饮品牌，成立于 1962 年。——编者注

平台，而其账号在各社交平台上唯一可见的推文就是下载新应用的链接。在社交平台上，塔可钟的官方账号全都显示着黑屏白字：“塔可钟不在Twitter上”，或者“塔可钟不在Facebook上。它只在塔可钟应用程序上。”

塔可钟在社交媒体上的营销方式，对于千禧一代而言，保持了其独特且真实的吸引力。当发现没有任何墨西哥卷饼的表情符号时，塔可钟在网站上发起了请愿，号召粉丝联名请愿上线墨西哥卷饼表情。该请愿获得了33 000人的支持，于是墨西哥卷饼的表情符号应运而生。塔可钟甚至在此基础上更进了一步，在社交网络推出了另一个活动“墨西哥卷饼表情引擎”（Taco Emoji Engine），即让大家将新上线的墨西哥卷饼表情叠加另一个表情符号，然后塔可钟会组合出一个有趣的动图。

毫无疑问，塔可钟的营销团队在做上述推广时，对每一步都进行了审慎的考虑并制定了战略。但整个过程并没有让人感觉很刻意，这是因为该品牌在每个步骤中都保持了其真实性，从而赢得了目标市场的好感。

因此，当你找到自己的声音时，需要确保这种声音忠于你的品牌，忠于品牌的本质，忠于品牌从一开始就花费大量时间和精力构建的核心理念。对于你的声音能否最终冲破噪声、抵达受众而言，诚实将起着决定性的作用。

独特、可识别、可定义的 4 个关键

- **开展基本研究，认清自己“不是”谁。**

  这种方式的核心在于，向着正确的方向，花足够的时间，听清内心的声音。

- **研究竞争对手，寻找市场机会。**

  这种方式的诀窍是，找到一个与你所坚持的理念一致的市场缺口。

- **构思并不断打磨你的使命陈述。**

  这种方式的关键之处在于，品牌的核心理念并不一定能够成为其卖点，但是，它能够使品牌忠于自己，发出自己独特的声音。

- **诚实至上。**

  这并不是说品牌的广告不能具有前卫性，不可以诙谐或者带有讽刺意味。只要它能够忠于品牌真实的价值观，那就是可行的。

● REC

BREAK Through the NOISE

第 5 章

法则 5，把每一个标题都当作报纸头条

构思好标题的 4 个步骤

BREAK THROUGH THE NOISE

对于在社交媒体平台上的内容来说，

标题是其包装的关键。

标题的概念具有两重性：

哲学性和战术性。

从超级分享力公司成立之初，我们就一直秉持一个十分简单而又牢不可破的法则——想要观众看视频，标题必须具备足够的吸引力。

这条法则始于我们将 YouTube 作为主要推广平台的日子，当时，在我们的营销推广策略中，非常关键的环节就在于使视频能够引起人们的注意，由此获得世界各地各类出版物的报道。从新闻工作者的角度来看，为了实现这一点，这些视频必须拥有极具吸引力的标题。虽然如今在公共关系管理方面，我们对出版物的关注没有过去那般重视，但我们之前所恪守的规则同样适用于如今的数字媒体时代，重视标题同样能够使我们的系列广告更加清楚明确、更具针对性。我无数次在办公室里重复过这句话："标题玩儿不转，视频没人看！"

在互联网出现之前，报业早就谙熟这一概念。《纽约邮报》（*New York Post*）以擅长在标题中使用双关语而著称，并且几十年来一直善于用风趣幽默、引人注目的标题来吸引读者。《纽约邮报》希望通过一个有趣的标题，让你产生购买报纸、阅读新闻故事的欲望。多年以来，该报纸还试图通过其标题的吸引力来打败纽约其他的每日小报。

相较之下，《纽约时报》（*New York Times*）和《华尔街日报》（*Wall Street Journal*）等传统报纸则对标题的处理方式大为不同，此类报纸的标题更注重与内容的相关程度，由此形成了以新闻内容为导向的标题风格，如《风暴升级，将袭佛罗里达州》《航空公司超卖座位，乘客被强行拖下飞机》等。如果新闻内容较为重要，此类报纸会通过加大字号、采用横幅式标题等方式来加以强调。由于这些传统报纸担心失去信誉，所以绝对不会通过使用《纽约邮报》式的双关语标题来吸引读者。报纸的信誉与观众的注意力之间存在着一种微妙的平衡，但对于所有报纸而言，最关键的一点在于——头条标题至关重要。

然而，具有讽刺意味的是，对于许多传统内容创作者来说，视频的标题似乎只不过是制作完成之后未经太多思考而添加上的。我认为，在这点上，这些公司应该向传统报纸好好学习一番。简而言之，我可以在此明确地告诉你，**如果你不把标题当回事，人们也不会把你的视频当回事。**

在如今的世界中，人们每天都要接受成千上万的媒体频道和数百万条信息的轰炸，只有最具针对性的消息才能冲破信息的洪流，抵达受众。想要引起人们的注意，你必须使自己创作的内容更加吸引人。没错，你需要做到内容独特新颖、令人难忘，但最重要的是，你的信息必须易于理解。如果在一句话或一个短语之内你还未能吸引别人的注意力，那么他们早已去浏览下一条内容了。

当你在浏览社交媒体上的内容时，最初的注意力持续时间大约是几毫秒。这也是视频内容在整体上表现得更加出色的原因，因为当你浏览视频内容的时候，它们会自动播放。而运动的物体本身就会吸引大脑的关注。这只是动物的本能而已。人类与生俱来就更倾向于注意到运动的物体，因为运动的物体可能会给我们带来危险，也可能会成为我们的食物。我们的大脑趋向于给予运动的物体或图像更多关注，停留其上的注意力也比停留在静止的事物上的时间更长。作为一个内容创作者，人类的这种天性给你带来了短暂而又宝贵的时间，在这短暂的时间内，他们的注意力会被你的视频吸引。

接下来，要使观众在最初的几秒钟内决定停下浏览的脚步，继续观看视频，那么需要同时发生两件事——其一，视频所包含的概念要能够引起他们的注意；其二，他们能够立刻理解该概念。如果视频中的概念没能引起他们的注意，他们将继续浏览下一条内容；如果他们无法立刻理解概念的含义，他们也会放弃尝试，并继续浏览其他内容。从这个角度来看，如果缺乏吸引人的包装，那么最优质的内容也将变得一文不值。而对于在社交媒体平台上传播的内容来说，标题又是其包装的关键。

在这种情况下，标题的概念具有两重性：哲学性和战术性。在本章中，我们将从超级分享力公司如何通过 4 个步骤来思考标题切入，对标题的两重性展开深入讨论。前两个步骤更具哲学性，后两个步骤更具战术性。如果你能够熟练掌握这 4 个步骤，你也能够玩儿转标题。

步骤 1，标题必须让观众能够立刻“理解”

我认为让观众能够立刻“理解”是最为关键的一步，因此我将其放在讨论的首位。这一步就是我在前文中所提到的“要让观众能够立刻理解视频所传达的概念”。若想使视频在社交媒体上得以广泛传播，就必须让观众在最初的几秒钟内“理解”它。这意味着视频必须开门见山地表明目的。

如果视频中镜头慢慢进入一处美丽的风景，背景是几棵秀木、一轮让天空布满赤霞的橙色落日，那我肯定一头雾水。它可能是一则关于英国威尔士首府卡迪夫的纪录片，也可能是一则本田的商业广告。由于视频的开头几秒没有让我明白我究竟在看什么，因此我不太可能继续看下去探个究竟。还有别的更有趣的视频在等着我，例如下一个视频里的那只可爱的水獭——天哪，它在用石头玩杂耍呢！快看啊！

就这样，你的视频被观看的机会已经过去了。我可能停留了 3.1 秒，虽然在 Facebook 上已经能够算作一次浏览量，但是从长远来看，这种浏览量对你来说毫无意义。你没有吸引到我，我仍然不知道你的视频究竟在表达什么。我根本没看懂，所以既不可能给你点赞，也不会分享你的视频。

这就是“理解”因素之所以如此重要的原因。它是实际标题、海报帧以及视频前几秒钟的组合，所有元素的共同目的都在于表达一个清晰的故事。互联网上充斥着来自四面八方的喧嚣声，事实就是，如果你的视频没有在前几秒钟之内出现能让观众产生共鸣的内容，他们根本不会继续看下去。因此如果他们没有立刻理解视频，他们就会立刻浏览下一条内容。

当我们公司的创意团队提出某个想法时，我的第一个问题始终是：“标题是什么？”这个问题并不能按字面意思来理解。我并不需要他们给出视频在发布时所采用的标题。该问题实质上是在问：“视频所具有的核心分享力是什么？”我会要求创意团队用一个类似于标题的简短句子来概括这个核心。而他们如果需要用三句话来解释这个核心，我就会摇头给予否定答复，并让他们回去重新构思，因为他们给出的想法不具有分享力。

这个简单的理念对我们公司取得成功起到了决定性的作用。我在前文中提到过一个极佳的例子，即我们为推广奥林匹克频道寻找具有分享力的内容。每隔两年，冬季奥运会和夏季奥运会都会交替着如火如荼地举办一次，在这短短几周里，许多人都全身心地关注着奥运会。但是，在两届奥运会之间，大多数人的注意力都会转到其他事情上，只有真正的奥运会铁杆粉丝才会时刻关注各种体育运动和运动员们的动态。而开办奥林匹克频道正是为了通过展示和奥林匹克运动相关的所有内容，吸引观众全年都对奥林匹克运动保持兴趣，并使人们不断回味奥运会上那些永恒的美好回忆。

我们在开始探索与奥运会相关的不同主题和概念时，构思出许多有价值并且吸引人的想法。其中一个想法是以运动员的艰苦训练为主题，制作一个饶舌歌曲视频；另一个想法是以超级明星运动员不擅长做饭或打理院子等日常工作为主题，制作一个搞笑视频；还有一个想法是让知名音乐人共同演奏奥运会会歌。

最后，一个简单的想法让我们每个人都为之雀跃，因为它是迄今为止最简单又最具影响力的想法：办一场宝宝奥运会。如果用一句话来解释这个想法，那就是："如果宝宝们参加奥运会，他们将会有怎样的表现呢？"这就是一个绝妙的标题！其中包含的概念既容易理解又极具画面感。此外，它还自带"理解"因素，你一看到这条标题，绝对能立刻"理解"它要表达什么。这既是这条标题在我们公司的内部审核中得分如此之高的原因，也是我们确信人们将大范围分享这条视频的原因。

当然，我们花了一些时间去说服奥林匹克理事会，让他们相信这才是他们应该选择的推广视频。对于他们来说，这个推广视频当然有些剑走偏锋了，因为他们倾向于选择围绕比赛、以庆祝人类卓越的竞技表现为主题的视频。而现在，在获得了无数次观看之后，该视频已经成为他们开展的最成功的推广活动之一——这一切全都归功于标题中自带的"理解"因素。

当你将"理解"因素和某种具有分享力的情感结合在一起时，有趣的事情就会发生。所谓具有分享力的情感，即是我们在前文分析过的幸福感、敬畏感、共鸣感、好奇心和惊喜感。传统观点认为，当观众在线观看视频，只有将视频完整地看完，并认为视频足够有意思时，才会想要与朋友们分享。这种线性思维方式认为，所有步骤都应该按上述顺序发生。但是在现实世界中，并非如此。我们在研究中发现了一个大多数人并未意识到的有趣现象：一旦"理解"因素引起了人们的共鸣，即便他们只观看了视频的前 15 秒到 30 秒，他们也会立即分享该视频。人们不会非得将视频剩下的部分看完才分享，有时候他们甚至都不需要观看视频剩下的部分。人们会在视频引起共鸣的那一刹那，立即分享给所有的朋友和粉丝，这就意味着，大部分人在完整观看视频之前，就已经将视频分享出去了。

如果这还不能成为你必须努力搞定“理解”因素的理由，那我也不知道该如何说服你了。

步骤 2，像新闻工作者一样思考

2014 年，在超级分享力公司成立之初（当时的公司名还是 Contagious，意为传染力，旨在希望我们制作的内容像病毒一样传染），我们专攻能够在 YouTube 上引起病毒式传播的品牌推广视频。当时，该平台上的内容和噪声远远不及如今这般汹涌嘈杂，但即便如此，想要吸引大量观众并形成“病毒式传播”的概率也是非常小的。在那段时间，我们深谙的法则是，如果想快速增加你的视频在 YouTube 平台上的点击量，只有一种方式，即获得知名数字新闻媒体和博客的青睐，让他们对你的视频进行大量报道。新闻工作者会针对具有新闻价值的视频撰写相关文章，这些文章会迅速吸引成千上万的观众前来观看你的视频。有关你的视频的文章越多，视频观看量的增速也就越快。

所谓“具有新闻价值”，其实与我们前面所说“具有分享力”的概念是相通的。从根本上讲，这是提高视频在点击量排行榜上名次的终极技巧，在某些情况下，甚至能让我们的视频获得被推荐到 YouTube 首页的机会。通过不断摸索，我们变得深谙此道。如果回顾我们公司早期制作的爆款视频，你就会发现，这些视频都有大量文章对它们进行报道。我们为 Freshpet 宠物食品公司制作的《显然弟弟》（*The Apparently Kid*）视频，获得了数十篇相关报道；为百事可乐和必胜客制作的《滥用自拍杆的危险》，获得了数百篇报道；当我们在 2014 年宣传由 Crispin Porter 广告公司为土耳其航空公司制作的《科比 VS. 梅西》的广告片时，该视频则获得了 2000 多篇文章报道。

我们之所以能够屡屡让媒体积极报道我们的视频，是因为我们学会了像新闻工作者一样思考。具体来说，有两种不同的表现形式：第一，我们所构思的视频要么“自带话题”，要么“紧跟热点”，在下一章中，我将详述整个构思过程；第二，我们都是从新闻工作者的角度来构思标题的，这一点同样至关重要。在此，我并不是指我们公司实际从事过新闻行业的工作，而是指我们花了大量时间，去尝试了解那些撰写广告作品相关报道的新闻工作者的想法。我们积极地换位思考，从他们的角度出发，提出一个最为关键的问题：“这篇报道能给我带来什么？”

记住，每个人都是自私的。他们同样专注于能使他们受益的事物，而不是你。

那么，像 Mashable 或《赫芬顿邮报》网站此类新闻博客网站的新闻工作者究竟想要什么呢？非常简单，他们希望自己的文章能够获得尽可能多的点击量，被人们广泛阅读，如此一来，他们作为撰稿人的名气和潜在收入不仅会随之增加，也会吸引更多的读者阅读 Mashable 或《赫芬顿邮报》，并最终给网站带来更高的广告收入。

如果我们能够提供一个故事，针对该故事所撰写出来的文章不仅很吸引人，而且是人们在浏览互联网内容时想要阅读的文章，那么，新闻工作者就更有可能撰写与我们的视频相关的报道。此时，我们是在提供价值，而他们则是在接受价值——新闻工作者每天都会阅读无数篇有望成为下一个高阅读量文章的故事，为什么他们单单要选择你的故事呢？因为你已经替他们完成了最艰难的工作，他们只需要轻而易举地将你的故事稍微加工一下，就能够

频获得了累计超过 1500 万的观看量，加之网上对原视频进行翻录以及重新上传的视频，整体的观看次数达到了数千万次。全世界的媒体对此争相报道，其中还包括我们的主要目标 Mashable，该网站的资深新闻工作者 T. L. 斯坦利（T. L. Stanley）在文章中写道："等不及《超凡蜘蛛侠 2》上映吗？不妨先来看看彼得·跑酷吧。"

故事很简单，斯坦利的文章也写得非常好："如果蜘蛛侠不再拥有能够从手腕发射蜘蛛网的超能力，那将如何？这位在城市飞檐走壁的超级英雄将如何才能让他的女友动心，如何才能打败恶棍、拯救纽约？当然是依靠他的双脚啦。毕竟，他是彼得·帕克。或者，不如说，他是彼得·跑酷。"

我们自己恐怕也无法写出比这更好的文章了。

另一个例子是我们为一家制作彩色袜子的瑞典公司 Happy Socks 制作的视频。我们用别出心裁的创意来讲述他们独特新颖的理念，并用了一个十分醒目的标题：《云端滑雪》。

超赞的标题！

这个想法来自超级分享力的创始合伙人卡梅伦·曼沃林，他曾参与过许多视频平台红人 Devinsupertramp 账号上的早期视频制作。《云端滑雪》所讲述的故事和视频标题一致：我们要将一位滑雪运动员用 60 多米的绳索吊在直升机后面，然后让他毫不费力地在云层上滑行。如今距离视频发布已经四年了，它仍然是我们所执行过的最酷、最野的想法之一。当时我们非常看好这个概念，因为标题不仅简洁而且具有强大的视觉吸引力，这将确保该视频能够冲破噪声，在 YouTube 点击量排行榜上一路飙升。我们甚至已经与 YouTube 上知名的阿德里安·野人·森尼（Adrian "Wildman" Cenni）签订好合作计划，他是一位超级勇敢的百万富翁，不仅答应参演该视频，而且帮助我们支付了部分制作视频的巨额费用。一切都准备就绪。

直到实际尝试拍摄该视频，我们才发现事情远非想象的那么简单。这个概念之前从未有人尝试过，我们很快就发现了何故如此。因为实施起来不仅困难重重，而且几乎是不可能完成的。我们设想滑雪者能够在柔软蓬松的云朵上毫不费力地滑行，像刀锋划过黄油一样流畅，但是当我们将滑雪者吊到空中时，我们才被一个冰冷的事实浇醒：我们正在拍摄一个无助地悬挂在绳索上的滑雪者，而不是一个在天空中自由滑行的滑雪者。

纯粹的物理学原理让这个想法成为难以实施的噩梦。滑雪运动之所以看起来优雅流畅，是源于重力的推拉、滑雪者在坡道上身体的摆动、腿部的助推、雪尘的飞扬等等因素一起作用的结果——但这一切，在空中都没有。因为云只是水蒸气，所以不会产生“推力”，而且唯一起作用的重力就是绑在滑雪者身上的护具给他产生的“拉力”，这使得他像重物一样悬挂在绳索的末端。

更麻烦的是，直升机螺旋桨旋转时产生的强风，使得滑雪者像一个布娃娃一样乱飞乱撞，凛冽的寒冷空气也让他根本无法假装自己正在优雅地滑行。除此之外，因为我们离云太近了，它们看起来丝毫不像是蓬松的雪，我们根本无法观察到它们的实际形状。因此，当我们的摄像机就位时，才发现一切都毫无头绪。

于是，我们花了几个月的时间重新准备，采用了一系列精密的装置来连接绳索，并制作了一个特殊的护具，以便滑雪者能够在云端施展技巧性的动作。即便做到如此地步，实际情形还是与我们所设想的相去甚远。总之视频的最终成品让我们所有人都大失所望。

没错，我们是拍到了一些超酷的直升机镜头，配乐也十分出色，但整个成品给人带来的美感和震撼，与我们之前想象中的效果相差甚远。但到了这个时候，我们的资金早已花光了，而且坦白说，对于如何改进该视频，我们也没有任何好的想法。我们打算就这样以失败告终，做好了该视频掀不起任何浪花的准备。

但是随后，有趣的事情发生了。在我们发布视频的当天，有几名新闻工作者与我们联系，询问了一些和该视频相关的问题。当天晚些时候，美国知名科技博客 Gizmodo 突然发布了一篇文章，该文章的标题非常吸引人：《正常滑雪弱爆了，云端滑雪酷毙了！》

然后媒体的关注蜂拥而至。法国视频分享网站上关于该视频的文章标题为《他在云端滑雪！》，紧接着美国知名体育新闻网 Bleacher Report 发布了一篇标题为《阿德里安·野人·森尼靠悬挂于直升机上实现云端滑雪》的报道。各个媒体的报道不断涌现，使得这个话题在互联网上获得的关注越来越多。导致第二天早上，一个朋友打来电话，告知了我一个最令人惊喜的消息。

"蒂姆，快打开电视！"

上电视了！《早安美国》(*Good Morning America, GMA*)[①] 正在播放《云端滑雪》！虽然我们制作过许多视频，也斩获了亿万次的观看量，但这还是我们第一次出现在 GMA 上。

庆祝活动结束之后，我们复盘整个过程，发现这段经历给我们上了最重要的一课——只需玩转标题，成功就在挥手之间！

①《早安美国》是美国广播公司播出的晨间新闻性节目，于 1975 年开播。——编者注

步骤 3，重视留给观众的第一印象

第一印象与“理解”因素密切相关，但其本质上更具战术性。“第一印象”指的是当人们在社交媒体上浏览各种内容时，他们对你所产生的整体印象。

针对如何给线上内容取一个理想的标题，其中包括“使用哪些词语最为有效”“使用多少字符最为合适”“标题中能否包含数字”等问题，已经有大量文章和博客对此进行了详细的分析。如果你还不曾阅读过这些文章，那么你可以去网上搜索一下，花时间来了解一下通常何种标题对于其他人来说较为有效，再看看这种标题是否对你也同样有用。对于构思一个好的视频标题，这些规则当然能够有所帮助，但事实上，它们都非常灵活，而且处于不断发展之中。

对于如何构思标题，有一个更好的方法。任何房地产经纪人或专门经营房屋翻修转卖的人都知道，一套房子是能很快卖出高价，还是在市场上待几个月都无人问津，取决于诸多因素，如房屋的正面是否得以修缮、是否增加了一些漂亮的景观、是否给门涂上了漂亮的颜色等。我们不妨也以同样的方式来思考第一印象中所包含的元素，把标题以及标题蕴含的所有内容视为你想要出售的房屋的第一印象。切记，一个标题是好还是坏，不仅取决于文字，还包括图像、视频的前几秒内容，以及整体要传达出来的感觉等。你的文字就相当于是对房屋的描述，如“一套坐落于市中心的超迷人的住宅”。视频的海报帧，就是屋前人行道、粉刷一新的百叶窗、红色的大门和精心修剪的花坛给人带来的第一印象；视频的前 3 秒到 7 秒钟，就是房屋打开门后给人的感受，其中包含开放式生活理念、宽敞的楼梯或者其他种种该房屋所拥有的迷人之处。

就像标题的重要性远不止对视频进行概括或者简单介绍一样，上述这些因素也不仅是构成第一印象而已。它们以一种更具整体性的方式在起作用。

你还需要确保所有因素彼此融洽、搭配协调。前门颜色不能与院子的颜色发生冲突，如果前门的颜色需要以蓝色的厨房和不锈钢厨具来搭配，那么你就不能将厨房刷成米白色并配上白色厨具。所有的元素都需要相互匹配，才能讲述一个富有凝聚力的故事。

在撰写标题时，我们采取了富有战术性的方法。我们首先确保概念的纯粹性，然后将其他元素与我们所制作的视频相匹配。文字、海报帧以及前 7 秒钟的内容不仅要反映出视频的关键元素，而且必须时刻与观众保持互动，因为最终将由观众决定该视频是否值得一看、是否值得分享。

有时候，这只是非常直接的练习而已。

就以我们制作的蜘蛛侠视频为例。虽然“彼得·跑酷”很受新闻工作者们的青睐，但 YouTube 的标题则必须更具战术性、更加直接。该视频实际采用的标题是《超凡蜘蛛侠跑酷》。我们原本打算将其简化为《蜘蛛侠跑酷》，但影片名中已经包含有“超凡”一词，并且索尼工作室也提出让我们在标题中使用该词。在视频的海报帧，我们采用了蜘蛛侠在跑酷中做出的一个令人惊叹的空中翻转动作，配文是：“当蜘蛛侠再也无法发射蜘蛛网了该怎么办？他可以跑酷！”视频的前 5 秒钟展示了蜘蛛侠在一面砖墙上完美地施展了鱼跃翻滚动作。如果你上网时浏览过我们的视频，你肯定清楚知道我所说的究竟是什么。如果你是一名跑酷爱好者，并且刚好又对蜘蛛侠感兴趣的话，那么该视频给你的第一印象应该会很深刻，你很有可能会点击观看。

但是对于其他视频而言，我们就需要更能抢夺注意力的标题。我们与 Prince Ea 一起制作的关于现代教育制度的视频，之所以能够在全球范围内引起轰动，原因正在于此。对于在互联网上漫无目的浏览各种内容的人来说，学校教育这样的话题可能会让他们觉得很无聊，因此要让他们点击播放此视频，就需要一个真正吸引人的标题。Prince Ea 想出一个绝妙的标题——

《我要控诉现代教育制度》。看到这样的标题，你想不注意都难！

该标题能够激起人们的兴趣，使人想要一探究竟：他为何会有如此大胆的行为？视频的海报帧是一身正装的 Prince Ea，他看上去酷似一位站在法庭上的律师。而海报帧上的配文标题也和法律卷宗如出一辙：《公诉案件：被告——教育制度》。视频一开始就是 Prince Ea 站在法官面前，以原告律师的身份做开庭陈述。所有这些元素结合起来，使观众对之产生了完美的第一印象，加上视频本身独具特色、引人入胜，使得该视频成为互联网历史上最成功的公益广告之一。

如果你想采用更大胆的标题和配文，那么请记住，吸引人和毫不顾忌他人感受之间，存在着本质的区别。我始终记得一个失败的标题——《独臂男子为陌生人的善意鼓掌》。一个如此令人生厌、丝毫不顾及观众感受的标题，只会使人想要赶紧滑动屏幕，浏览其他内容。即使其中可能包含着一个鼓舞人心的故事，但是标题如此，恐怕大多数人都不会选择去看内容。如果有人愿意花时间思量一番，试图理解该标题的话，他们甚至会质疑其发布者是否欠考虑，然后他们会继续浏览下一条内容。

你的标题同样不可以夸大其词。《如何每天赚一百万美元》的确是一个很好的标题，但前提是你的内容要能够将其兑现。不过这个标题实在太离谱了，它听起来更像是出自一个兜售最新快速致富计划的骗子。所以如果该视频的发布者的确有一套能够使人们快速赚钱的好方法，那么标题最好再具体些，这样才更具有可信度。

现在，既然你已经了解了构成第一印象的各种元素，那么请确保各个元素之间能够彼此协调、相辅相成。在这一点上，我们公司也犯过错误。例如在制作云端滑雪的视频时，我们确定了一个简单有力的标题，即《云端滑雪》；我们同样确定了一个绝妙的海报帧，即滑雪者以惊人之姿在天空之上、云层之中优雅地滑行。所有这些因素共同构成了一个清晰的价值主张，因此，该视频的点击率应该非常高。

但有一点出了问题。在视频的开头，我们花了漫长的 25 秒钟，才到达真正能够看到滑雪者在天空中滑行的镜头。在此之前，我们向人们展示了滑雪者攀登上山、被直升机吊起的整个过程。换句话说，该视频的开头看起来与其他成百上千的单板滑雪视频的开头并无二致，观众并没有看到任何在云端滑雪的镜头。因此，尽管我们以足够抢夺注意力的标题以及令人惊叹的海报帧吸引了人们的注意，但是当他们开始观看时，我们却没能及时兑现标题的承诺。也正由于我们未能及时兑现，导致我们留给观众的第一印象大打折扣。该视频最终的效果虽然还不错，但毫无疑问的是，这种延迟导致我们失去了在最初的 10 秒到 15 秒内选择关掉该视频的数百万观众。

步骤 4，在前 7 秒给出最精华的内容

英文中有一句俚语，叫“Give Up the Goat”（献出山羊）。在超级分享力公司内部，这句俚语有着非常具体的含义。对我们而言，“献出山羊”意味着在视频前 7 秒钟之内展示出视频的精华部分。

这是一种完全违反直觉的思维方式。传统讲述故事的模式会教你先慢慢铺垫，直到第二幕结束时才到达高潮部分。在剧情片中，你永远不可能在剧情一开始就将大结局交代清楚——那样做不仅毫无道理可言，还会激怒观众。但是，互联网恰恰相反。所有线上内容，如果你没有在最初几秒钟内向观众献出他们想看的内容，他们将直接浏览下一条内容，而不会把视频坚持看完。因此，你必须事先“献出山羊”。在《云端滑雪》的视频中，我们本应在视频的开头就立刻播出将滑雪者送入云端的片段，这样才能吸引观众，使其继续往下看。

我们发现，上述策略导致我们每次接到新客户时，都会与对方有观念上的冲突。多年的传统广告培训使得他们习惯于以固定的方式行事，且不太适应互联网的节奏。若要举例证明，那么我们用隐藏式摄像机拍摄的所有惊喜类视频几乎都能作为例子。事实上，我敢保证，对于一个并不熟悉我们公司的标准和操作，但希望我们为其制作推广视频的新客户而言，不论我们如何反复告诉他们，视频将以开门见山的方式将精华内容全部奉上，他们在看到首次剪辑的成品时依然会提出反对意见。

“你怎么可以让约翰·塞纳在视频一开始就破墙而出呢？！那一幕应该是后来才揭晓的惊喜啊！”然而事实是，如果你没有将惊喜放在视频开头，那等惊喜揭晓之时，也就没人在看了。

这两种观点究竟孰是孰非，我们不妨通过用隐藏式摄像机拍摄的惊喜类视频来进行解释。此类视频将惊喜之处放在视频后面揭晓似乎最为合理，对于讲述故事的传统模式而言，这似乎也是习以为常的认知，即如果我们想要给观众制造惊喜，就不能提前剧透。这就跟讲笑话不能先抛出笑点一样，因为那样做完全不符合逻辑。但是，在数字营销中，这样做恰恰完全符合情理。

一种能让多数人更容易理解的方式，就是将视频开头视为整个视频的小型预告片，因为能否将人们带入后续的视频之中将取决于此。精彩的视频开端往往能够迅速提高观众的积极性，使观众产生瞬间的情绪冲动，从而使他们的大脑集中注意力，去认真观看你的视频接下来将要展示的故事内容。

在现实的电视节目中，这种做法已经很普遍了。多年以来真人秀节目就一直采用这样的方式，通常以“超级预告片”的形式展现出来。“超级预告片”是针对节目制作的 2 到 4 分钟的预告片，该预告片在节目开始时播放，向观众展示在接下来的一个小时内将在视频中看到的戏剧性场面或者等待揭晓的谜题。一些烹饪类节目将这种方式发挥到了极致，几乎在预告片中囊括了整期节目的精华。还有一些节目甚至更加夸张，以此概念来制作整期节目，即所谓的前辑或者演员特辑，此类特辑主要向观众展示整个剧组在节目开播前长达数小时的准备过程，并通过精心剪辑和制作，来作为实际节目的大型预告片。

对于我们制作的网络视频来说，预告大约持续 3 到 15 秒钟。我们以这种方式来吸引人们继续观看，看视频接下来会如何发展。预告片也就相当于是视频部分的标题。

将视频最精彩的部分放在开头，听起来或许有些前后颠倒，但这正是我们向观众作出保证的方式，是我们告诉观众“坚持到底，这个视频值得一看”的方式。你已经知道得很清楚，如果他们点开你的视频并发现观看该视频需要整整 3 分钟的话，他们很可能会喃喃自语：我不想花这么长时间来看完这个视频。但是，如果视频拥有一个自带视觉冲击力的标题，并将震撼人心的影像最先展示出来，那么就相当于是在告诉观众，这则视频值得他们花时间，他们确实应该观看下去。

对于惊喜类的视频，上述方式操作起来很简单，直接在视频开头播放惊喜揭晓的时刻，然后再回到前面的铺垫部分，以此来说明故事的来龙去脉即可。而对于其他类别的视频，想要做好预告可能更具挑战性，其具体形式包括在屏幕上提出抢夺注意力的问题，或者对视频的主题加以概括陈述等。总之，你需要使其看起来足够吸引人，让观众想要点击观看并把它看完。

换句话说，你必须“献出山羊”。

构思好标题的 4 个步骤

- **步骤 1，标题必须让观众能够立刻“理解”。**

  一旦“理解”因素引起了人们的共鸣，即便他们只观看了视频的前 15 秒到 30 秒，他们也会立即分享该视频。

- **步骤 2，像新闻工作者一样思考。**

  具体有两种表现形式：第一，我们所构思的视频要么“自带话题”，要么“紧跟热点”；第二，从新闻工作者的角度来构思标题，这一点至关重要。

- **步骤 3，重视留给观众的第一印象。**

  第一印象与“理解”因素密切相关，但其本质上更具战术性。“第一印象”指的是当人们在社交媒体上浏览各种内容时，他们对你所产生的整体印象。

- **步骤 4，在前 7 秒给出最精华的内容。**

  如果你没有将惊喜放在视频开头，那等惊喜揭晓之时，也就没人在看了。

● REC

BREAK

Through the NOISE

第 6 章

法则 6，顺势弄潮为用户提供新价值

顺势弄潮的 4 个关键

BREAK THROUGH THE NOISE

当你顺着热点话题造势时，

就等于抓住了流行文化，

但最重要的是，

你必须以某种方式通过该热点话题

给人们带来新的价值。

这就是我们常说的“顺势弄潮”。

自拍杆曾经风靡一时。无论是在海滩、游乐园还是购物中心，自拍杆似乎无处不在，而且越来越长。在 2015 年的大部分时间里，人们似乎都在网络上开展着一场非正式的比赛，目的是看谁能够使用最长的自拍杆拍出最荒谬的自拍照。事实上，连接手机的自拍杆给人们的日常生活带来了越来越多不便。当你走在街道上时，放眼望去，到处都是身系尼龙腰包的游客在合影留念，他们的领队站在中间，手拿一根自拍杆，向正前方伸出约一米，左右摆动着寻找最佳拍摄角度，并让大家露出笑容，随之按下快门，这对于行人来说也是一种干扰。

这种情况愈演愈烈，最终使得迪士尼乐园出于安全方面的考虑，正式禁止在园区内使用自拍杆。事情的起因是一位游客在乘坐过山车时，将自拍杆卡在了过山车的车身上，导致该游乐设施停运了一个小时。自此，迪士尼官方宣布，由于自拍杆的长度过长，会给游客带来安全隐患，尤其会给那些兴奋地四处奔跑而无法注意到周围环境的儿童们带来危险，故此园区内全面禁止使用自拍杆。

但各路媒体对自拍杆都情有独钟。几乎每天都有与之相关的新故事发生，可能是史上最长自拍杆的出现，也可能是又有一家新的公司出台相关禁令。与自拍杆相关的模因和笑话在互联网上泛滥起来，逐渐成为流行文化的一部分。

就在这时，必胜客联系我们公司，希望我们针对一款新品——直径 60 厘米的超级大比萨制作一段宣传推广视频。我们按照公司的正常流程，不仅从品牌任务简介（概述客户公司针对本项目所定目标的文件）中寻求灵感，还从互联网中寻找灵感。很快我们就发现了互联网热点与客户目标之间的关联性。以人们频繁使用自拍杆的现象为主题，制作一则娱乐视频，达到能够吸引各知名博客作者以及各种在线媒体的争相报道，并且人们也会乐意分享该视频的目的。

当你顺着热点话题造势时，就等于抓住了流行文化，但最重要的是，你必须以某种方式通过该热点话题给人们带来新的价值。这就是我们常说的“顺势弄潮”。

使内容具有分享力、能够冲破互联网噪声的基本原则之一就是，相较于根据内容自行制造热点，让内容借助于已在互联网上获得一定热度的话题，则要容易得多。将你的品牌与某热门话题联系起来，可能是快速吸引大量关注的最有效方法之一。当然，如果操作不当，也会造成巨大的负面作用，因此你必须谨慎地采取策略。

对于必胜客，我们决定利用自拍杆作为热点话题，照搬上述宣传方式。现在，我们知道了热点话题本身将使我们的相关内容同样具有分享力，但关键问题在于，我们如何给人们带来价值呢？我们需要针对这一流行文化提出一些评论，需要有一个独立的观点。我们喜欢还是讨厌自拍杆，认为自拍杆有趣还是将其视为公害？

思考一下人们可能对上述态度有何反应。如果你喜欢自拍杆，而某个品牌正好发布了一个恶意嘲弄自拍杆使用者的视频，那么这一定会使你怒火中烧，而跟你喜好一致的自拍爱好者们可能会对其群起而攻之，在该视频的评论区制造出一片骂声。

但如果你讨厌自拍杆，而某个品牌偏偏发布视频告诉你自拍杆是多么的有趣，你会怎么办？想必你会立刻摒弃该品牌，甚至会批评该品牌不顾实际情况、只顾盲目跟风的行为。

这就是顺势弄潮、紧跟热点的风险所在——你可能很快地栽跟头。并且，热点话题的热度越高，栽的跟头可能就越大。因此，你需要找到一种两全其美的方式，把握住平衡。

就我们此次推广任务而言，我们经历了一个快速迭代构思的过程，在这个过程中，我们尝试了从纪录片到喜剧小品等种种方案，努力寻找最佳击球点。我们甚至曾一度考虑过以无家可归者使用自拍杆为主题，拍摄一个假的新闻故事，以证明自拍杆真的已经无处不在了。虽说在构思阶段，所有的想法都是存在即合理的，但我们很快就意识到，我们的方向出现了偏差！

随后，我们找到了一个完美的解决方案：我们决定不再将视频的重点放在究竟对自拍杆采取喜爱还是讨厌的态度上，而是将重点放在自拍杆的实际功用——自拍上。我们认为，如果必胜客对自拍持支持态度的话，这绝对是没有任何问题的。如果你喜欢自拍，你也就很容易理解为什么说自拍杆既是一种非常好用的工具，又的确会给人们带来危险。我们大家都喜欢自拍和自拍杆，但是，如果自拍杆的长度继续不断增加，将给其他人造成很大的安全隐患。而如果我们因此失去合理使用自拍杆的机会，那对我们自拍的爱好无疑也是一大打击！

我们认为用一种带有喜剧色彩的循环论证式表达，既考虑到了对自拍杆持喜恶态度的双方立场，其本身又做到了以一种极为自然的方式将所含理念传达出来，即通过模拟公益广告的形式，以一种十分滑稽的方式来呈现滥用自拍杆的危险。我们邀请了一位极具亲和力的女演员来出演为自拍杆的滥用而担忧不已的母亲角色，让她站在一间自拍照展览馆的一角，对着镜头讲述自拍文化的盛行以及自拍杆是如何时刻威胁着这些“自命不凡的凡·高们”的。

该视频展示了人们在各种荒唐情境中使用自拍杆的情况。例如，有的人在公共厕所隔间里伸出自拍杆进行自拍；有的人在挤进电梯时，还要将自拍杆完全伸展开来进行自拍；一位举重运动员甚至将自拍杆连接到杠铃杆末端，试图从最佳角度来抓拍他的肱二头肌等。令我印象最深的，还要数那辆向四面八方伸出 3 米长自拍杆的大众敞篷车，它飞速经过某个社区，途中还打翻了一个卖柠檬水的摊位。

在这些荒唐行径之中，出现了一位给聚会送餐的必胜客送餐员，他对着镜头指出，自拍照的人数越多，就意味着越大规模的聚会，从而也意味着更大尺寸的比萨。他端着超大尺寸的比萨说道：“这可是直径 60 厘米的比萨，最好晒到 Instagram 上。”

直到最后，当必胜客的商标出现在最终镜头上，种种微妙的线索组合在一起，观众才会恍然大悟，这整个视频是出自必胜客品牌。而这则视频纯粹是为了给大家带来欢乐，没有任何强行推销的意思。整个视频同样以一种幽默的方式结束。随着必胜客商标的出现，我们的叙述者平静地对着镜头说：“必胜客支持那些因自拍杆的滥用而受到伤害的人们。请负责任地自拍。”

这则广告大获成功，在 YouTube 各类排行榜上迅速飙升，一举成为当月全球分享次数最多的广告，引得各路媒体争相报道，他们发表了数百篇与此相关的文章。没错，这则视频的确很有趣，但是它之所以能够获得如此优异的成绩，是因为我们找到了对立双方都觉得有意思的平衡点，同时又在对话中增添了一些新的内容。

选择合适的“热点话题”

我住在加利福尼亚州曼哈顿海滩市距离大海只有几个街区的地方。我最喜欢做的事情之一，是在日落之前去海边，坐在沙滩上，看着海浪翻滚不息。那附近有几个冲浪点，因此我常常会看到一些冲浪者去海里冲浪。

我注意到，这些冲浪者们采用几种不同的方法，分析海浪条件以及选择浪峰。一些冲浪者会迫不及待地直接下海，俯卧在冲浪板上开始划水，捕捉合适冲浪的第一波海浪；另一些冲浪者们则会更加耐心，他们会坐在冲浪板上等待，同时判断海浪的频率和特征，试图捕捉最大的那一波海浪；还有些冲浪者选择站在沙滩上，仔细研究海浪，看看今天的海浪条件是否值得他们下海；当然，更有一些冲浪者会直接坐在家里，待海浪合适时，等好友发短信喊他们下海。

其实，在互联网上选择合适的热点话题，与这些冲浪者选择海浪有异曲同工之妙。你可以积极主动地自行研究，也可以直接采用其他人研究之后的成果。在超级分享力公司，我们使用了相当复杂的社会化聆听工具来观察和记录人们在网上谈论的内容。比如，这些工具会收集包括 Facebook、Twitter 和 Instagram 等所有主要社交平台的公开信息，从中检索出人们经常使用的字词和短语。如果某个字词或短语突然在短期内频繁出现，那么聆听工具就会提醒我们，近期使用该字词或短语的人数有所增加，于是，我们便会安排公司的社会情报组对此进行深入研究。这些工具非常有效，但也十分昂贵。

如果你没有足够的资源来使用它们，还有很多更加简单的方法，来帮助你识别互联网上的流行趋势，成为数字文化的弄潮儿。

在众多互联网平台之中，资讯更新最快并且最易监测的社交平台是Twitter。对于选择热点话题而言，利用该平台能取得非常好的效果。

尽管由于该平台上充斥着大量机器人和愤怒的“喷子”而使其备受指责，但从很多方面来讲，它依然是互联网的心脏所在。该平台资讯新、更新快，是监测互联网上最新的流行文化、突发新闻、名人八卦或爆款视频的最佳平台。Twitter 是一个将一切最新潮流融合在一起的地方。

Twitter 上的热门话题通常是以标签的形式呈现的。热门标签很容易找到，但是使用标签的问题在于，除非是在全网范围内很多人都在讨论的话题，否则每时每刻都可能有成千上万个活跃度很高的标签。因此，在 Twitter 上识别热门话题有一个更好的方法，即使用“新闻聚合频道”选项卡。只要单击“新闻聚合频道”，你就可以掌握人们当前在 Twitter 上谈论的内容。并且这些内容大部分与新闻相关，同时也包含很多不会出现在美国有线电视新闻网（CNN）或当地新闻节目中的线上流行趋势。

我们公司有时也会在 Twitter 上发布内容，但对我们而言，它最主要的用途是作为一种社交聆听工具。想要利用该平台与客户进行有效的交流，你需要花费点时间来展开真正的、一对一的对话。对于品牌来说，这是一个与消费者沟通的绝佳途径，许多品牌确实将该平台的沟通作用发挥到了极致。但是，超级分享力公司针对该平台为品牌开展的主要业务，并不是与他们的客户沟通，因为大多数品牌已经拥有非常强大的社交媒体运营团队来开展日常运营工作。对我们来说，Twitter 不仅是灵感的来源，而且是用于关注趋势变化的平台。

如果说 Twitter 是互联网的心脏，那么 Reddit[①] 就是互联网的神经系统。我们称 Reddit 为“互联网诞生的地方”。如果某个话题或主题开始在互联网上流行起来，那么它十有八九起源于 Reddit。

Reddit 类似于一个巨大的公告板。它不仅聚合社交新闻内容，对网络内容进行评价，还允许人们针对网络内容展开讨论。平台上的帖子按照主题分类到各个看板之中，此类看板叫作“板块”，你可以通过搜索来寻找自己感兴趣的内容板块。板块的主题极为广泛，包括电影、音乐、美食、动物等等，甚至有非常小众的板块主题，例如，以某位特定名人的鼻子为模因所制作的各种内容。

Reddit 使用起来也十分简单。任何人都可以免费注册，成为该平台的用户，然后便可以在平台上发布内容。主页的顶部设有帖子的分类选项卡，你可以从“热门”“最新”“最多评论”和“上升最快”等类别中进行选择；另外还设有区域选项卡，你可以在地理位置上进行选择，按国家和地区缩小浏览范围。

该平台确实非常棒，但请你还需冷静下来，思考一下你的营销推广目的。你现在所处的，是一个完全由用户发表意见和评论的平台，每时每刻都有庞大的活跃用户群在对每个帖子进行投票，他们可以投赞成票，也可以投反对票。你能想象一个品牌试图在该平台上打广告的下场吗？你的广告会以迅雷不及掩耳之势沉下去。

这就是营销界人士常说“Reddit 根本无法破解”的原因。但这其实是一个误解。因为这句话所包含的理念是：为了开展市场营销，你必须以某种方

---

① Reddit 是美国最大的网上社区，注册用户可以将文字或链接在网站上发布，使它基本上成了一个电子布告栏系统。——编者注

式“破解”或者“侵入”某系统，以迫使其执行它本身并不想做的事情。如果这依然是你的互联网营销方式，那么你不妨将本书再好好读一遍。

Reddit 和互联网其他地方一样，若想将其纳为己用，你只需提供它想要的内容即可。例如，我们在“现实生活中意外出现的约翰·塞纳”中所使用的约翰·塞纳模因，就是来自 Reddit。而当我们发布该视频时，该模因的原始创建者对我们制作的视频给出了极高的赞誉：“好了，其他人没必要再玩这个梗了，因为终极版本已经出现了。”

若能做到这一点，就证明你不仅捕捉到了最合适的海浪，其他冲浪者也将十分欣赏你对海浪的选择以及你的冲浪方式。

在热点话题最热的时候抓住它

那么，一旦你识别出合适的海浪，你应如何顺势冲浪呢？一个关键因素是速度。当你坐在沙滩上等待着完美海浪的出现，而它终于出现时，它不会放慢速度来等你。你的动作必须快。尽管互联网上的热点话题不如拍打在曼哈顿海滩上的海浪消失得那么快，但你仍需要在浪峰出现之前赶上它。同样的，所有的热点话题都存在着极为有限的有效期。如果你的品牌或者你个人没有迅速采取行动，你可能会因对互联网资讯反应不及时而失去影响力，这将使你的品牌战略看起来像是由一个犹豫不决、尸位素餐的委员会所制定的。

在我们公司的经历中，捕捉浪峰速度最快的一次大概是在 2014 年。那时，一个脸蛋嘟嘟的红发可爱男孩以互联网时代才能够实现的方式一夜成名，他的名字叫作诺亚·里特（Noah Ritter），来自宾夕法尼亚州的威尔克斯－巴里（Wilkes-Barre）。事情的起因是一位当地新闻记者在韦恩县（Wayne

County）集市上对孩子们进行采访，询问他们游乐设施是否有趣，而当她将麦克风放在诺亚面前时，诺亚抢尽了风头。

“你觉得集市上的游乐设施好玩吗？”记者问道。“很好玩！而且显然，这还是我第一次上电视呢。但显然，我不怎么看新闻，因为我还只是个孩子。而且显然，每次爷爷给我遥控器时，我都只能看强力球。”诺亚答道。这段童言童语简直可爱极了，诺亚完全是想到哪里就说到哪里，每次都用“显然”一词来迅速转换话锋，还通过谈论采访本身顺利达到了“出戏”效果，简直太搞笑了。

随后，诺亚直接从记者手里拿走了麦克风。他在集市上四处走动，像专业人士做解说那样，详细介绍各种游乐设施，并在整个解说过程中频繁使用“显然”一词，和大多数青少年喜欢滥用“就像”一样。

该视频立刻被传到互联网上，迅速在网上引起轰动，观看次数超过 3000 万。人们将他戏称为“显然弟弟”。

当时，我们正在为 Freshpet 设计制作第一个推广视频，大家都在集中精力想创意。当看到突然在网上走红的诺亚时，我们也立刻被他圈粉了。突然，一个灵感击中了我们——如果让“显然弟弟”和一群可爱的小狗一起拍视频，会有怎样的效果？十之八九能够火速蹿红。

我们向 Freshpet 公司提出了这个广告创意，值得庆幸的是，他们很快接受了这个想法。万事俱备，只欠东风——我们现在只需要将创意拍成视频。

人们可能没有意识到，当像诺亚这样的草根一族突然爆红时，他们的生活会立刻发生翻天覆地的变化。成千上万的人会突然往草根明星的家里打电话，或通过 Twitter、电子邮件与之取得联系。这些人可能是新闻工作者、品牌商，也可能只是被他们圈粉的粉丝们。这可能会给人带来极大的压力。就诺亚而言，承受这一切突如其来的压力的人是他的祖父杰克。杰克不仅是诺亚最好的伙伴，也是保护他的人，而如今，杰克帮诺亚决定是否与各个媒体或品牌签订合约。他们的生活一夜之间发生如此巨大的改变，甚至使得杰克无力招架，只好关掉了手机。因此，我们虽然拥有一个绝对能火的创意，也获得了品牌商的许可，但我们却无法联系到视频的主角。然而，时间可不等人，如果我们不尽快将视频推送出去，那么很快互联网就将出现下一位流行文化的宠儿。

幸运的是，我的商业伙伴尼克·里德曾经是一名代理商，如果需要，他会坚持不懈到令人咋舌的地步。在全天候追踪杰克两天之后，他终于如愿以偿地联系上了杰克。而当杰克发现里德曾是一名军人时，我们成功地获得了与诺亚合作的机会！杰克面对着众多合作机会，却单单选择了我们。

我们卡的时间点简直太完美了。确定合作事宜是在一个周四的下午，同时诺亚还定于在下个周四接受知名脱口秀节目《艾伦秀》主持人艾伦·德詹尼丝（Ellen DeGeneres）的采访。通常来说，我们整个广告的制作流程需要花 4 到 8 周时间。但在当时的情况下，我们从编写视频脚本、让 Freshpet 公司签订合约、让诺亚和家人飞往洛杉矶进行拍摄、实际拍摄视频到最后的视频剪辑整个流程，仅在 1 周之内就全部完成了。

我们在编写视频脚本的时候，考虑到了诺亚之前在集市上表现出来的种种性格特征，并成功地借着他的热度顺势弄潮。我们在脚本中还进行了留白处理，使诺亚有时间自由发挥，因为我们知道最精彩的表演往往不受脚本的约束。

“今天我们来聊聊宠物，”诺亚在拍摄现场开始说道，“显然，这是我的第一支广告。”然后，他以一种十分可爱又毫无逻辑连贯性的方式讲述了两只叫巴尼和艾德的狗之间的友谊。当他聊到狗粮的时候，还有狗在不停地舔着他的脸，“他啥都不喜欢吃，吃啥都成天放臭屁。”

他以古怪而又富有童趣的方式继续聊到你应该如何训练你的狗，如何训练它们去捡玩具。然后，他为其中一只狗端来一大盘狗粮。“显然，与普通狗粮相比，Freshpet 牌狗粮才是最好的。它每天都想吃这种狗粮。”随后他又开始做一些可爱至极的动作，发出一些奇奇怪怪的声音。当那只狗大口大口吃着他端上来的狗粮时，他说：“显然，这的确是一盘好狗粮！”

我们及时拍摄并剪辑了视频，想利用诺亚上《艾伦秀》的时机来获得更多热度。为了最大可能地利用该热点话题，我们在《艾伦秀》播出后的第二天早晨发布了 Freshpet 的推广视频，因为我们知道诺亚在《艾伦秀》中的表现肯定又会在互联网上掀起一轮新的讨论。最终，该视频在 YouTube 排行榜上获得了全球第二的好成绩。

显然（诺亚可能会这么说），我们极其完美地赶上了那波热度。

你还可以预见一些和节日相关的热点话题。例如每年 12 月，全世界的商家都会以节日为主题对消费者进行广告轰炸，但全年之中还有一些热度不是特别高的节日或者特殊日子，例如愚人节、国际海盗语言节（International Talk Like a Pirate Day）[①]、国家汉堡日（National Hamburger Day）等等。只要你能够卡准发起流行文化讨论的时间，任何节日都能够助你掀起一股热潮。

2016 年，我们曾围绕“照片炸弹”在母亲节之际推出了一则广告。当时出现了人们因意外闯进别人照片中而抢镜的话题，并且该话题的热度正在不断攀升。我们采用了两个看似风马牛不相及的概念，将“照片炸弹”和

① 国际海盗语言节为每年的 9 月 19 日，由两个酷爱海盗文化的美国人于 1995 年创立。在这一天，世界上所有对海盗文化感兴趣的人，都可以像海盗那样相互交谈。——编者注

“妈妈”结合在一起，组成了“照片炸弹之妈妈抢镜”。

这个概念本身就是一个受欢迎的标题。该概念包含的想法是，妈妈们总是渴望能够更多地走进孩子们的生活，而孩子们又总是过分沉迷于手机并且每时每刻都想着拍照留念，因此，妈妈们只好在孩子们自拍的最后一刹那，直接闯进他们的照片之中，将自己的身影留在孩子们的照片里。

我们曾经向一位潜在客户提出了这个想法，我们认为“照片炸弹之妈妈抢镜”的视频将会非常适合他，但他却不这么认为。然后我们把这个想法推荐给了另一位客户，一位接着一位，他们都不认为这是个好主意。我们简直无法理解何故如此。我们知道该视频一定会在网络上引起轰动，但似乎客户们都不这么认为——直到我们遇见了一家小型电信公司，我们才刚刚提出这个想法，对方就立刻点头接受了，这家公司就是板球无线。我们两家公司之间多年的合作关系也由此而开始。

该视频虽然旨在向妈妈们致敬，但却是通过一种有趣又搞笑的方式进行的，这种方式不仅能使青少年们乐在其中，更重要的是，会让他们乐意去分享该视频。视频从一群肩负抢镜任务的妈妈们开始。“你以为是谁给你买的无限流量套餐呢，你个小家伙。”一位妈妈对着镜头如此说道，并号召妈妈们是时候采取行动了。“我为什么要抢镜？因为我要抢走你们自拍照片里的所有乐趣！”在这些妈妈不断在孩子们的足球比赛合影中、聚会上等各种场合抢镜之后，她们聚在一起，对着镜头呼吁：“和你的妈妈聊聊天吧，今天可是母亲节。看在她们为你买板球无线套餐的份上！”

该视频引起了妈妈们和孩子们的共鸣，累计观看次数超过 1000 万，并在一个月内将板球无线在 Facebook 上的互动参与率提高了 10 倍以上。

别做个“冲浪新手”

如果你之前从未接触过 kook 一词，那么请注意，这在冲浪术语中是一个贬义词，指的是对自己的冲浪技能盲目自信的初学者。他们通常缺乏基本的冲浪道德规范，以至于干扰到其他冲浪者以及大家的冲浪乐趣。换句话说，冲浪新手很扫大家的兴。

从社交媒体角度而言，有许多品牌没有事前做足功课，就试图借流行文化的趋势提升自己品牌的热度，这种顺势弄潮之举反而让他们一不小心成了“冲浪新手”。这种情况之所以发生，大多是源于品牌试图通过制造一种他们关心某项事业的假象来蹭某个热点，但实际上他们根本不关心该项事业。简而言之，当你想要顺势弄潮时，你必须以诚相待，否则你将很快被拆穿。

盲目蹭热点的结果就是互联网上时常发生危机公关事件。2018 年，有几个品牌试图借国际妇女节之际来提升品牌热度。当时由于 MeToo 运动[①]正在如火如荼地进行着，许多女性挺身而出讲述自己遭受性侵犯或性骚扰的经历，以及因性别原因而在工作上受到苛责或不公正待遇的故事。不少大品牌试图借妇女节之际为女性呐喊助威、表态支持。如果品牌是出于真心的话，那的确是一件很了不起的事情，但其中有一些大品牌却因虚伪而栽了个大跟头。其中就有麦当劳。

麦当劳将加利福尼亚州林伍德市一家门店所设的其标志性 Logo 金色拱门颠倒过来，把“M”（“麦当劳”英文首字母缩写）变成“W”（“女性”英

① MeToo 运动：Me Too（我也是），是女星艾丽莎·米兰诺（Alyssa Milano）等人在 2017 年 10 月针对美国金牌制作人哈维·韦恩斯坦（Harvey Weinstein）性侵多名女星丑闻发起的反性骚扰运动，呼吁所有曾遭受性侵犯的女性挺身而出说出惨痛经历，并在社交媒体上贴文附上标签，借此唤起社会关注。——编者注

文首字母缩写），以纪念国际妇女节。同时，麦当劳还在一百家餐厅的制服和包装上对“M”进行了翻转。为了引起人们的关注，麦当劳还在社交媒体上宣布：“今天，我们通过翻转金色拱门的方式，来向那些选择了麦当劳成为她们故事一部分的女性致敬，例如威廉姆斯一家。我们今天自豪地与大家分享，在美国麦当劳，60% 的餐厅经理都是女性。”

从理论上讲，这种宣传方式听起来不错，但问题在于麦当劳言不符实。网上有人指出，事实上，麦当劳长期以来完全没有履行各种支持女工的政策和做法，很快，麦当劳就遭到了全网的强烈抵制。尤其是该公司长期以来一直极力反对提高最低工资标准，而最低工资标准对女性的影响远比对男性的影响更大。

随后，麦当劳在 Twitter 上也受到人们的攻击。有人在 Twitter 上讽刺说：“很高兴看到麦当劳通过将其商标更改为意味着女性的‘W’来结束性别歧视。”还有人发言说：“如果麦当劳通过颠倒金色拱门使其成‘W’状，来庆祝 2018 年国际妇女节，那是否意味着其他所有日子都是为男性庆祝，毕竟‘M’同样可以指代男性（M 是“男性”英文首字母缩写)？”民主联盟（Democratic Coalition）的执行官内森·勒纳（Nathan Lerner）在 Twitter 上喊话麦当劳：“嘿 @ 麦当劳，与其用将‘M’翻转成‘W’这类廉价花哨的营销策略来‘支持’女性，不如去真正做些支持女性的事——比如向员工支付一份能够支撑她们生活下去的薪水吧。”

麦当劳万万没想到这次营销导致他们需要花好几天时间来开展危机公关，其发言人试图通过将责任归咎于加盟商来给自己的品牌开脱，他指出，麦当劳 90% 以上的连锁店都是由加盟商独立拥有和经营的，并由这些店主自行制定门店政策、工资和福利。

然而事情并未就此结束。人们对麦当劳的强烈抵制引起了一波新的浪潮，一些公司开始为在工作场合受到不公正待遇的女性发声。英国的激进组织 Momentum 发布了一段视频，重点介绍了麦当劳的低工资标准和“临时工合同”，这些做法导致很多女性员工面临长期贫困甚至无家可归。

如果麦当劳以一种真切诚恳的方式来支持女性，那他们原本是可以从中获益的。例如，如果他们在国际妇女节当天不是借机宣布将“M”翻转为“W”，而是宣布发起一项旨在使公司实现薪酬公平的全球计划，或者设定一个让更多女性进入公司管理层的目标，那么人们将会为此叫好，而非嗤之以鼻。遗憾的是，他们急于蹭热点话题，在营销过程中没有做到真诚以待，这就直接导致他们栽了一个大跟头。

在马来西亚，肯德基决定在国际妇女节当天，将品牌创始人桑德斯上校的形象改为其第二任妻子克劳迪娅・桑德斯（Claudia Sanders）的形象，来顺势进行品牌营销推广。肯德基营销代理商的一位代表人士说，肯德基品牌在寻找支持国际妇女节的方式时，发现了克劳迪娅・桑德斯的故事，她一直在桑德斯上校背后默默支持着他。

但遗憾的是，他们没能继续深挖一下她的故事。而时刻准备着深挖各种故事的网民们，很快就在桑德斯上校的传记中将故事的全貌挖了出来。经由她的女儿玛格丽特回忆所述，克劳迪娅其实是父亲雇来帮助他的第一任妻子打理家务的人。玛格丽特说：“他需要一个健康的、心甘情愿的伴侣。”

在上述例子中，有的因为不够真实诚恳而栽跟头，有的因为懒惰没有将故事深挖到底而逐浪失败。如果我们再回顾一下，还能发现一些丝毫不顾及他人感情的营销策略，以及一些彻头彻尾的“白痴”营销方案。在近些年来的营销案例中，以冷冻比萨公司 DiGiorno 的一例营销事故“翻车”最为严重。2014 年，互联网上有妇女发起了一场运动，在“Why I Stayed（我为什么没有离开）”话题下讨论为何她们在一段关系之中饱受虐待却仍然没有选择结束关系。DiGiorno 品牌官方账号发了一条推文："Why I Stayed？我没有离开是因为你有比萨"。有没有搞错？

不论你选择如何逐浪弄潮，都不要让自己像一名冲浪新手那样没规矩。

作十趾吊

作十趾吊是非常困难的冲浪动作，冲浪者必须站在冲浪板前端，用两脚十趾勾住冲浪板的板头。在此，我们用这个冲浪术语来比喻你需要在冲浪时展现你特定的风格。你要能够为热点话题增添色彩、做出贡献，通过自己独特的声音来给相关话题的讨论增加价值。

以"Fuck Jerry"为例，它是互联网上最大的模因网站之一。当模因刚开始在网络上兴起时，一个富有创造力的人想出了一个简单的创意，试着以新的方式抓住模因的流行势头，这个人的名字叫埃利奥特·特比勒（Elliot Tebele）。2013 年，他开设了一个 Tumblr 账户，开始汇总其他人创建的模因，并在各种平台上分享。他给自己的网站起了一个前卫的名字，意在对 20 世纪 90 年代美国最受欢迎的情景喜剧《宋飞正传》（*Seinfeld*）所掀起的文化趋势进行讽刺，随后该网站迅速成为模因的交换地，也成了在互联网上自娱自乐的好去处。

虽然你可能认为该企业的主要任务不过是收集和重新包装其他人的成品，但恰恰是这种整合和重新包装的方式，使得该理念独具一格，并因此得以风靡网络。随着该网站的成功发展，网站上的内容也随着时间的推移而变得越来越新颖。通过及时捕捉模因的流行趋势，并以独特的方式加以利用，特比勒成功创建了一个小型的媒体帝国。他的粉丝人数已经达到 1400 万，并拥有极为可观的收入。不仅如此，他还推出了一款叫作"*What do you meme?*”的成人卡牌游戏，经营着一家名为 Jerry’s World 的咨询和制作工作室，出售 T 恤和其他商品，甚至拥有自己的龙舌兰酒品牌。

总而言之，如果你试图向全世界推送一则消息，而你又没有紧跟热点话题，那么 200 万人中可能只有 1 个人能听见你的消息。但是，如果你能顺势弄潮，并且是以一种真实诚恳的方式参与到话题之中，那么 2000 人中可能就有 1 个人能听见你的消息。实际上，紧跟热点话题的营销方式，使竞争环境变得公平得多，关键在于以何种方式将品牌营销信息与热点话题联系在一起，使人们更有可能点击你所发布的内容、与你进行互动，而不是将你视为机会主义者并拒绝你。如果方式得当，你甚至能以此来吸引你尚未接触过的受众。

但是，如果每个人都能够十分熟练地顺势弄潮呢？如果浪潮非常好驾驭，看起来就像是世界冲浪锦标赛，每个人都参与其中、逐浪弄潮，并且都保持着真实诚恳的态度，不断往话题之中增加新的价值，那又该怎么办？如果感觉冲浪者太多、市场太拥挤，甚至连你最优质的内容可能也无法引起人们的关注，那又该怎么办？

别担心，还有另外一条路可以走。我们将在下一章详述。

打造爆款视频的策略 BREAK THROUGH THE NOISE

顺势弄潮的 4 个关键

- 选择合适的“热点话题”。
- 在热点话题最热的时候抓住它。
- 通过该热点话题给人们带来新的价值。
- 谨慎地采取策略，以诚相待，避免弄巧成拙，形成负面作用。

● REC

BREAK
Through
the
NOISE

第 7 章

法则 7，用反套路为用户创造惊喜

反套路的 4 个方法

BREAK THROUGH THE NOISE

逆向而行

是一种很有趣的营销推广方式，

谁不希望在乏味的主流声音中

听见特立独行之声呢？

但前提是这种特立独行之声

能够富有智慧并以某种方式带来价值。

我们将“顺势弄潮”反向操作，就有了“逆向而行”原则，即颠倒标准操作方式。也就是指，采用一些出人意料的、具有变革性的方式，将热门话题或者人们普遍接受的观点完全翻转过来。

逆向而行是一种很有趣的营销推广方式。谁不希望能够在乏味的主流声音中听见特立独行之声呢？当互联网上出现独立又引人思考的声音时，发声者绝对能收效颇丰，但前提是这种特立独行之声能够富有智慧并以某种方式带来价值。如果在此基础上，发声者还能带有幽默感，那就更锦上添花了。

自广告业发展初期，精明的品牌就一直在使用逆向而行的广告策略。最早的一例是 1959 年由大众甲壳虫所发布的平面广告。当时正处于第二次世界大战后的时期，美国人沉迷于“肌肉车”①，总认为车型“越大越好”，而此时大众甲壳虫推出了一则广告，标题只是简简单单的一句“想想小的好处”（Think small），同时，整个平面广告上只有左上角有一辆小型车的图像。这则广告在逆向而行的策略上做得非常成功，使得《广告时代》杂志将

① “肌肉车”一词出现于 20 世纪八九十年代，特别用于称呼活跃于 20 世纪六七十年代的一类搭载大排量 V8 发动机、具有强劲马力、外形富有肌肉感的美式后驱车。“肌肉车”是一代美国精神的代表。——编者注

其评为20世纪最佳广告。

或者以当代超级碗橄榄球赛的广告为例，该广告是世界上最大型、最差劲也最昂贵的影视预告片。超级碗的广告通常声音很大而且过于泛滥，不仅意在引起观众和消费者的关注，也意在引起媒体和网络的关注。时至今日，超级碗在比赛前一周还时常在网上发布广告，以确保它们不会被各种信息噪声淹没。对于成功的超级碗广告，人们仍会无休止地做出评价，新闻媒体仍会撰写相关文章，新闻广播中仍会进行转播，网民们仍会在线分享并做出评论。对于许多观众而言，参与超级碗的乐趣更多是来自观看创意广告和无与伦比的中场秀，而非来自实际橄榄球比赛的结果。**这就使得品牌在赞助超级碗时尤其适合采用逆向而行的营销策略，反常规操作而行之，在其他所有品牌都在往“大”里做文章时，逆势而上，偏往“小”里做文章。**

极简主义风格的超级碗预告片吸引了很多人的关注，由于这些广告非常与众不同，因此一直以来都效果极佳。1998年，联邦快递以逆向而行的方式推出了一则很棒的超级碗广告，该广告先出现了30秒钟的彩条屏幕——和无网络连接时的电视故障画面一模一样，10秒钟后，当人们的注意力都被这种“什么也没有”的电视画面吸引，屏幕上出现一条极为简单的消息：“选择联邦快递，确保及时抵达。”由于其他的超级碗广告都非常喧闹，因此这条逆向而行的广告反而能突出重围。一幅电视故障的无声画面，加上一条切中品牌核心信息的广告语——真是天才！

近些年来最有趣的一个例子，还要数2012年密尔沃基啤酒所投放的超级碗广告。该公司邀请喜剧演员威尔·法瑞尔（Will Ferrell）出演了这则广告。请名人参演广告确实能够吸引更多的关注，但这种手段在超级碗广告中已经很普遍了，因此从根本上说，邀请著名喜剧演员参演并不是广告产生显著影响的真正原因。但这则密尔沃基的广告以非常独特的有限投放方式，使其在超级碗星期天（Super Bowl Sunday）[①] 赢得了极高的关注度。

众所周知，超级碗在全国范围内有着最大规模的广告受众，每年媒体都会谈论在超级碗投放一则大约 30 秒钟的广告，需要支付多大一笔巨额的广告费，目前的价格大约在 500 万美元以上。不管怎样，2012 年，密尔沃基购买了一则超级碗电视广告，但这则广告只在内布拉斯加州北普拉特（North Platte）的当地电视台播出，而该城市仅有 23 000 人。

超级碗的广告通常都面向全国观众，但这则广告偏偏选择在一个规模很小的城市播出，真正做到了逆向而行。而且该广告本身也很温馨，绝对没有任何浮夸感。法瑞尔穿着短裤和 T 恤衫，伴随着优雅的管弦乐声，徒步穿过及腰的花海。当他抵达摄像机镜头时，有人朝他抛过去一罐啤酒。他接住啤酒，拉开易拉环，啤酒嘶嘶作响地冒了出来。他开口说广告词“密尔沃基……”，话还没说完，画面戛然而止，广告就这样结束了。

可想而知，“小而精”的广告很快就成了人们在互联网上的重点讨论话题。一些内布拉斯加州北普拉特的当地人用手机将该广告录制下来，然后发布到互联网上。当人们发现美国其他城市都没有播放这则广告时，它便像野火一样点爆了全网。这则广告的风格与超级碗广告的主流风格如此迥异，正符合人们的口味，而且由于密尔沃基选择定点投放，仿佛它不希望所有人都能看到这则广告似的，越发使得网民们想要一探究竟。你认为那些“当地人”将该广告录制下来并发到网上的举措，是不是密尔沃基的营销团队故意而为之？我只能说，如果这是我们公司策划的广告活动，我们将确保有人做到这一点。

① 超级碗星期天：超级碗一般在每年 1 月最后一个或 2 月第一个星期天举行，那一天称为“超级碗星期天”。在美国，超级碗星期天被认为是一个非正式的假期。——编者注

即使你不太可能投放超级碗广告，更不可能在单个城市定点投放特别版本的超级碗广告，但这并不妨碍你从中学习，看看那些财力雄厚、广告费似乎不受限制的知名品牌在这样一个最拥挤、最嘈杂的广告投放日是如何操作的——他们通过逆向而行的方式，将本属于大规模、大制作的广告翻转成小型广告。无论趋势如何，这都是正确的思路。如果你能够以一种新颖的方式逆向而行，同时又能确保这种方式适合你所推广的品牌，那么你也可以通过逆向而行的方式脱颖而出。

与流行趋势逆向而行

也许你会说，上述种种逆向而行的例子都是针对营销方式，而非内容制作。那么接下来让我们来看一个特殊的例子，该例子绝对属于针对内容流行趋势的逆向而行。当然，**不论是顺势弄潮还是逆向而行，最关键的一点就是找到合适的流行趋势。**你可以将自己的内容依附于流行趋势，以此来顺势弄潮，也可以在找到某个流行趋势以后将其彻底翻转过来，以此来逆向而行。总之，你所要做的就是针对最新热点话题或流行趋势，创作出顺势而行或逆向而行的内容。

几年前，“宠物羞辱”的概念风靡一时。人们喜爱他们的宠物，因此和动物相关的主题往往会很快获得在线关注，如果此类内容还十分搞笑的话，就更是如此。当时每当宠物做了坏事，人们就会在宠物的脖子上、床边或者食具旁放上一个标牌，然后给这些看上去做了坏事被抓包的宠物们拍摄照片或者视频并发到网上，就这样，“宠物羞辱”的现象逐渐流行起来。标牌上通常会写着“我拆了沙发”“我在妈妈最喜欢的枕头上拉了屎”或者“我咬坏了婴儿的鞋子”之类的字样，类似于给宠物们戴“傻瓜帽”。

当时，我们正好刚开始与 Pets Add Life 委员会合作，该委员会倡导的理念是“宠物能给人们带来许多欢乐与益处”。我们之前制作的动物视频中，有许多成功的案例，因此我们知道此类视频的影响力会有多大。但我们同样意识到，网络上不仅已经存在大量的宠物视频，并且新的视频还在源源不断地出现，我们需要一些与众不同的创意，来使自己突破这种局面。随着我们公司的智囊团不断深入挖掘相关内容，他们发现了宠物羞辱的流行趋势，并意识到我们所要做的就是逆向而行——如果不再是“人类羞辱宠物”，而是“宠物羞辱人”，将会如何？

成了！这是有史以来最棒的创意，至少理论上如此。

为了把这个看似显而易见的创意恰如其分地表现出来，我们试想了成千上万种不同的方式。我们应该在人类处于尴尬境地时让宠物对他们拍照留证吗？宠物怎样才能做到呢？我们需要看到宠物拿着相机吗？拍照的时候人类是有所察觉呢还是毫不知情？人类是醒着呢还是睡着的状态？如果是等人类睡着了宠物偷偷拍照的话，它们又应该如何重现当初的尴尬场景？

虽然这个创意的确很棒，但究竟应该采用何种方式表现出来，却让我们伤透了脑筋。最终，我们敲定了一种表现方式，制作了一则《全人类注意！请停止羞辱宠物》的广告。视频一开始是一条狗在对着镜头说话。没错，就是按字面意思理解的“对着镜头说话”。我们对狗的嘴型做了动画特效处理，还请了一些水平很高的配音演员前来试镜，并最终选择了我们最喜欢的作家之一戴夫·阿克曼（Dave Ackerman）来为这只狗配音。我不知道是因为他的胡须还是因为他乐观开朗的性格，他的声音简直让人觉得，如果一只狗会说英语，那听起来绝对就像是这种声音了（我这番话绝没有冒犯的意思，只有对他的声音满满的喜爱之情）。

“嘿，人类。别刷手机了，我有话要说，”那只狗看向镜头，说道，“你肯定觉得自己很有趣吧，把我们宠物都变成了互联网上的模因，将我们最尴尬的时刻都拍下来，还发布到网上让全世界都来看笑话。你，还有你的手机……还怎么好意思称我们为人类最好的朋友？如果我们角色互换的话，你会做何感想？”

然后宠物和人类真的切换了角色，于是我们看到了种种人们不希望被别人知晓却又偏偏被宠物揭穿的尴尬处境。比如镜头中一位女士和男朋友依偎在沙发上看电视时，突然放了一个屁。当时她的宠物狗正蜷在她脚边睡觉，因此她很快栽赃到狗的身上。然而，狗的身旁出现了一则标语：“是你放的，你心知肚明。”这位女士的男朋友也知道是她，因此皱了皱鼻子，继续盯着他女朋友。这位女士还是拼命摇头，死不认账。于是镜头又切换到宠物狗给出的下一条标语：“是你，就是你。你有肠易激综合征，得治。”

事实证明，关于视频应该如何表现的种种问题，解决方法其实非常简单。在这则视频中，我们直接让宠物展示出会使人类感到羞耻的标语，至于这些标语是不是宠物们写的，谁在乎？视频中根本没出现那部分内容！这是一种简单的解决方案，无须采用任何复杂的表现形式，就能使整个视频以幽默为核心。

当视频展示了一系列宠物羞辱人类的例子之后，对着镜头发言的这只狗要求双方和解。“听着，我们私下里都会做一些很奇怪的事情。”它说道，“但那些事情并不能代表我们是谁。‘无论处于何种境况，我们都是你最好的朋友’，这才能代表我们的关系。”它鼓励人类继续做些奇怪的事情，不要因此而感到难为情。这时视频中出现了一个男人，他和他的鹦鹉一起伴随着嘻哈音乐的节奏摇头晃脑，双方都很享受其中的乐趣。“请记住，”这只狗继续说道，“我们没有告诉任何人那次你……你懂的。”

视频的片尾文字显示着“分享本视频。PetsAddLife”。人们确实这么做了。该视频的观看次数超过了 500 万次，分享次数则高达 1000 多次。

做没有人做过的事

逆向而行对于打造个人品牌同样适用，前提是他们能够创造一些完全不同的内容或者意外的转折。与有线电视新闻中的保守派对自由派的辩论相比，此处需要的不仅仅是一个不同的立场和观点，更要仔细观察在你所涉及的领域有哪些思想领袖，观察他们是如何给出评论的，在此基础上，再针对他们已经吸引的同一批受众，推出一些与之不同的原创内容，以给出一种新颖独特、尚未存在过的对比观点。

2015 年，YouTube 上放眼望去全是温暖人心、积极向上的网红们。似乎在该平台上，不论你点开哪个视频，都会有人出来激励你，促使你成为最优秀的自己，或者想要将他们生活中的正能量传递给你。无论是一举成名并自称为“生活播送者”的生活视频主播 iJustine，还是以烘焙视频而深受观众喜爱的罗萨那·潘思诺（Rosanna Pansino），她们的成功都为互联网上出现不同甚至不尊重的声音打开了大门。

于是出现了 Poppy。要知道互联网可是怪咖云集的地方，但即便是按这种标准，Poppy 都能算是一位极为怪异的年轻女孩。她以如此与众不同、如此反文化潮流但又低调朴素的方式出现在平台上，让人几乎无法不注意到她。对于那些将个人品牌形象树立成阳光健康、讨人喜爱的视频博主来说，她是他们的对立面。更令人惊讶的是，她根本无意传达任何消息。

15 岁的莫里亚·佩雷拉（Moriah Pereira）想要进入娱乐圈，便从纳什维尔（Nashville）搬到了洛杉矶，并以 Poppy 的名字出现在大众视野中。她的才华也许是在唱歌表演上，但和其他许多才华横溢的人一样，在没有名气的状态下是很难有所突破的。于是她转向了互联网，研究了影响力迅速攀升的网红们，并发现了市场空缺：所有人都没做过的事情。

她采用了昵称 Poppy，开始制作能够展现她真实自我的抽象视频。她的导演兼制片人泰坦尼克·辛克莱（Titanic Sinclair）称她完美地融合了“安迪·沃霍尔[①]的通俗流行风格、大卫·林奇[②]的奇怪诡异风格和蒂姆·伯顿[③]的滑稽喜剧风格”。这种描述是否有夸大其词的成分并不重要，因为人们已经被吸引，甚至一发而不可收。

她的第一个具有突破性的视频是《Poppy 吃棉花糖》（*Poppy Eats Cotton Candy*），在该视频中，她穿着粉红色的芭蕾舞裙，吃着粉红色的棉花糖。整个视频持续了一分半钟，而她全程都在吃棉花糖。颜色被调淡了，丝毫没有对比度；整个视频中 Poppy 就只是在品尝棉花糖、吃完舔棍子，最后对着镜头露出微笑。仅此而已。

她的另一个热门视频更是将怪异简单的概念提升到了一个全新的高度。她以一种幼稚的声线、用不同的重音一遍遍重复“我是 Poppy”这句话，足足持续了 10 分钟。没错，足足重复念叨了 10 分钟的“我是 Poppy，我是 Poppy，我是 Poppy……”

这两则视频都有一种怪异的调调，但更为重要的是，这两则视频与 YouTube 上的其他视频截然不同。其他视频总是试图传达一些精心设计或者意义深刻的内容，试图帮助人们建立更好的人际关系，教会人们烘烤松饼等，而 Poppy 则触动了网上年轻人的神经。他们无时无刻不在寻找下一件新奇的事物，以此暂时缓解自身的焦虑。其他内容总是无休止地在告诉他们

---

① 安迪·沃霍尔：美国艺术家，是波普艺术的倡导者和领袖，被誉为“20 世纪艺术界最有名的人物之一”。——编者注

② 大卫·林奇：美国导演、编剧、制作人，是当代美国非主流电影的代表人物。代表作有《穆赫兰道》《内陆帝国》等。——编者注

③ 蒂姆·伯顿：美国导演、编剧、制片人，代表作有《剪刀手爱德华》《断头谷》《大鱼》等。——编者注

如何才能提高生活质量，但 Poppy 的视频让他们在这些信息中获得一丝喘息的机会，使他们得以在这些奇怪的内容中放松几分钟。

Poppy 通过逆向而行而在网络上声名鹊起，同时她也通过这种方式找到了自己真实的声音。这些视频让她获得了约 5000 万的粉丝。以互联网为基础，她的事业平步青云。她不仅与小岛唱片公司签了合约，开始了第一张专辑的巡回演出，还在喜剧中心频道有了自己的系列剧。剧名十分贴切，就叫《网络红人 Poppy》（*Internet Famous with Poppy*）。她甚至撰写了一本书，名为《Poppy 福音》（*The Gospel of Poppy*）。

这位年轻的女士十分了解互联网的运作规律，她知道当所有的流行势头都朝着同一个方向涌去而变得太强时，就是时候将其打断、来个 180 度的逆向行驶了。而互联网也将张开双臂、欣然接受与流行趋势相反的事物，但是想要触动观众，就需要一个拥有独特声音的人。如果说有谁已经发现了自己独特的声音，那 Poppy 绝对当之无愧。

颠覆既定形象

如果你无法时时刻刻监测流行趋势走向，也可以选择一个既定的个人形象或者概念，然后直接进行逆转。这就类似于罗伯特·德尼罗[①]（Robert De Niro）第一次去试演喜剧角色一样。德尼罗去试镜一个完全颠覆他之前荧幕形象的角色，每个人都好奇他能否将这个角色演到位，如果他可以，那说明他的戏路又拓宽了一些。结果显而易见，德尼罗做到了。

在本书的开篇，我讲了我们公司与罗纳尔多合作的故事。你已经知道

① 罗伯特 · 德尼罗：美国演员、导演、制片人，1943 年出生于美国纽约，代表作品有《教父 2》《愤怒的公牛》《美国往事》等。——编者注

了，当我们着手与全世界家喻户晓的罗纳尔多合作，帮他推出他的个人耳机品牌“睿响”时，我们的思路就是颠覆既定个人形象：将家喻户晓的大球星变成一个无名之辈。

根据《时代周刊》的报道，克里斯蒂亚诺·罗纳尔多是全球最知名的球星之一，全世界 86% 的人都知道他的大名。他在互联网上的受关注度也极为惊人，在社交媒体上有着超过 2.5 亿的粉丝。他出生于葡萄牙，但住在西班牙，在那里无人不知，无人不晓。每当人们在耐克或 CK 的广告中看到罗纳尔多时，他就和电影明星一样：魅力四射、光芒万丈、遥不可及。在人们眼中，他是一位无法触及的巨星，一个类似于阿多尼斯①一样的存在。

于是，我们决定颠覆他的形象。我们没有像其他人一样，让他以耀眼夺目的巨星形象出现在广告中，而是让他去扮演一个流浪汉。我们在他脸上贴了乱糟糟的大胡须，给他穿上破旧的衣服，然后让他去马德里的街上玩足球。他的任务就是通过玩街头足球来吸引人们的注意。如果没有乔装打扮的话，他待在街上不到 5 秒钟就会被一群狂热的球迷团团围住。但现在，他看起来像个倒霉透顶的普通人，所以既没有人在乎他，也没有人关注他。

在一个多小时的时间里，他尝试了各种街头足球的技巧，越来越绝望地试图吸引人们的注意力，但是人们依旧无动于衷。他故意将球踢给一位路人，而路人只是将球踢了回去，然后就匆匆离开了。他开玩笑地向一位女士询问她的手机号码，却惨遭拒绝。然后，他在周围来来往往的人身边运起了球，耍球的技巧也越来越高。在这一系列卖力的足球表演中，他甚至一度自嘲般地假装累倒在地上。

---

① 阿多尼斯：希腊神话人物，春季植物之神，王室美男子。现代阿多尼斯这个词常被用来形容年轻男子异常美丽，有吸引力。——编者注

虽然他使出了浑身解数，但乔装中的罗纳尔多依然没有受到任何人的关注。直到最后，终于有一个好奇的小孩对精湛的足球技巧表现出了一定的兴趣。当他将球还给罗纳尔多的时候，他们俩之间开始了一些互动。这名“流浪汉”要求孩子展示一下他会些什么球技，这个小孩在展示了几下颠球之后才将球还给罗纳尔多。他还很有几分球技呢！随后这个衣衫褴褛的“流浪汉”开始运球，要求小孩试着从他那里把球截下来。这个孩子做到了。“流浪汉”把球捡了起来，和小孩击掌庆祝，然后让他稍微等一下。这时，“流浪汉”开始扯掉胡须，摘掉一切乔装道具，揭开了自己的真实身份——国际巨星克里斯蒂亚诺·罗纳尔多。

在几秒钟之内，广场上就挤满了人。人们蜂拥而至，将他围个水泄不通。罗纳尔多匆匆忙忙在足球上签完名并将球交给了孩子，然后在保镖们的护送下前往安全地带。周围的球迷们兴奋地尖叫，如今终于认出了那个不起眼的流浪汉原来是他们的足球英雄。

这是一个极具分享力的视频，因为它向人们展示了罗纳尔多从未展示过的一面。该视频让知名巨星去体验身为一个默默无闻的普通人的滋味，恰恰与对名人的英雄崇拜背道而驰。虽然视频本身并没有针对个人崇拜给出任何具体的评论或观点，但是这样一个因球技而成名的知名球星，在广场这种公共场合向人们展示他精湛的球技时，居然如此受人忽视，这个事实已经足以说明问题了。因此人们对该视频十分感兴趣，纷纷点击观看。

当然，该视频的推出并非毫无波折。在发布视频之前，我们向一些内部人士展示了经过粗略剪辑的版本，每个人都告诉我们这则视频非常棒，但就是太长了——足足长达 4 分多钟。对于传统广告来说，这简直就跟永恒一样漫长——与 8 则超级碗广告的合计长度差不多。而且，这则视频中有很长一段，没有任何特殊的事情发生，罗纳尔多甚至一度看起来无聊到想小睡一会儿！

视频推广领域的专家们全都认为，我们最好对视频进行重新剪辑，使长度减半。甚至两分钟的视频，对于难以捉摸的互联网来说，可能都算长了。幸运的是，我们并没有听取这些意见。这 4 分钟的视频非常成功地推出了全球性品牌“睿响”。该视频不仅观看次数超过 1 亿，在全球范围内还获得超过 2500 篇相关报道，并且这些报道是以 22 种语言所撰写的。该视频使得“睿响”品牌在流行文化界引起了轰动，而整个广告的成本可能只是传统广告费用的零头。

任何知名品牌在推广新的产品线时，均可以拿这则广告来作为模板。而这一切皆归功于“逆向而行”。

当事情发展不如你所愿时

网民本就有一种心态，喜欢破坏和打乱一切看似来自大型机构或者组织的信息，尤其是自我标榜的企业宣传。通常，当品牌推出精心设计的促销计划时，社交媒体上人们最喜欢做的事情就是不按品牌的套路出牌。

每当发生这种情况时，品牌需要快速做出反应，以开放的心态接受突如其来的变化，并改变初始策略。品牌的反应决定了他们是让自己处于一个更加尴尬的困境，还是能够逆转局势，建立更高的商誉。如果企业采取防御姿态，试图与之对抗，那互联网上的人们通常会给出更多的负面评论。**换句话说，当互联网不按品牌设计的套路出牌时，品牌能够做出的最佳回应方式是立即接受新的局面。**

这很像即兴喜剧“是的，而且”规则，即你不可以否认，只能接受既定局面并在此基础上继续表演。举例来说，如果你正在与某人进行即兴交流，无论对方说了什么或者做了什么，你都必须顺其自然地接过话头。他们的行为或话语已经成为既定事实，你不能加以否认。假设有人用手比画了枪的形状，然后说："举起手来！"你不能回答说："那不是枪，只是你的手指。"这就无异于在说"不对"，这在即兴喜剧中是不允许的。你必须说"没错"，并接受这只手现在就是支枪，然后对现有情况做出回应。如果互联网没有按照品牌设计好的套路出牌，此时就需要品牌具有与此类似的幽默感——无论他们愿意与否。

沃尔玛就曾处于这种"互联网没有按套路出牌"的境地。当时沃尔玛发起了一次在线投票活动，投票的内容很简单：在指定时间段内，票数最高的城市，将获得嘻哈歌手皮普保罗（Pitbull）在当地沃尔玛的停车场举行免费音乐会的机会。该演唱会由 Sheets Energy Strips 赞助，Sheets Energy Strips 是和李施德林品牌类似的口气清新含片品牌。

这个活动的初衷，是为了促进人们的社区自豪感。按常理来说，每个人都应该为自己所在的城市投票，并且在社交媒体上向自己的朋友们宣传该活动，让他们也参与投票，以争取赢得在当地的沃尔玛举办皮普保罗演唱会的机会。网民们照做了吗？完全没有！大家决定开个玩笑，使沃尔玛吃点苦头，让它将演唱会开到一个几乎没人听说过的小城市里去。当权力握在乌合之众手里时，即使是用来做一些很傻的事情，他们也会趋之若鹜。

当沃尔玛推出这次营销活动时，戴维·索普（David Thorpe）和乔恩·亨德伦（Jon Hendren）恶作剧般地，怂恿人们投票给阿拉斯加一个人口仅为 6191 人的岛屿小镇科迪亚克（Kodiak）。这是美国开设了沃尔玛超市的最小城镇。随着参与该恶作剧的人越来越多，科迪亚克所获得的选票数量远远超过其人口总量。这导致沃尔玛面临着两种选择：拒绝接受现况，宣布该活动因受到不正当操纵而作废；或者按照对方给出的新套路，继续玩下去。

沃尔玛并没有试图撤销整个计划，而是非常明智地选择了接受现有局面继续玩下去。更重要的是，皮普保罗同样决定继续原计划。他发布了一段视频，视频中包含他当前世界巡回演唱会的一些片段，并称他会为了歌迷去任何地方，同时还喊话最先提出这个恶作剧的人："跟我一起来科迪亚克吧！"

就这样，由于互联网没有按照沃尔玛给出的套路出牌，使得皮普保罗只好飞往科迪亚克。他抵达时，当地人以本地特有的方式给予了热烈欢迎并赠予他礼物，之后一切正如营销计划所宣传的那样，他在当地沃尔玛停车场办了一场超震撼的演唱会。此举使得沃尔玛和皮普保罗都受到了更多的关注，二者的形象也更加积极正面——如果一切都按沃尔玛的原定计划实施，效果反而没有这么好。

当所有人都在往"大"里做文章时，你偏偏往"小"里做文章；角色互换、反向创作；颠覆既定类型；当互联网不按你的套路出牌时，接受现实继续下去……如此种种逆向而行的方式，都与顺势弄潮正好相反，它们互为阴阳，就像一枚硬币的正反两面。面对互联网上的流行趋势，无论你想顺势弄潮还是逆向而行，这些方法都能助你化腐朽为神奇，并适用于你想要发布的任何消息，包括社区问题、社会福利或牙科广告等显然不太容易令人感兴趣的主题。

打造爆款视频的策略 BREAK THROUGH THE NOISE

反套路的 4 个原则

- 原则 1，无论是顺势弄潮还是逆向而行，最关键的一点就是找到合适的流行趋势。
- 原则 2，针对思想领袖吸引的受众，推出新颖独特、尚未存在过的对比观点，逆势打造个人品牌。

- 原则 3，如果你无法时时刻刻监测流行趋势走向，也可以选择一个既定的个人形象或者概念，然后直接进行逆转。
- 原则 4，当事情发展不如所愿时，品牌需要快速做出反应，以开放的心态接受突如其来的变化，并改变初始策略，逆转局势，建立更高的商誉。

BREAK
Through
the
NOISE

● REC

第 8 章

法则 8，让内容与传播媒介相匹配

社交媒体的 3 大原则

BREAK THROUGH THE NOISE

想要打造爆款视频绝非易事。

平台众多，而且不断变化。

如果你不了解平台提供的

所有选择，

那么无论你的内容多么与众不同，

都注定会“竹篮打水一场空”。

肖恩·门德斯（Shawn Mendes）是一个国际巨星。作为一名流行歌手，他不到 20 岁就获得了 4 首热门歌曲问鼎流行音乐榜单的好成绩。他的巡演总能成为全球的头条新闻，在社交媒体上，他还拥有超过 1 亿的粉丝。当然，这些成就并非一日之功。门德斯没有上过音乐学院，也没有那种在各种俱乐部参加巡回演出、历经 10 年才被经纪人挖掘的经历。他是通过在互联网上建立自己的粉丝群而成名。

门德斯成长于加拿大安大略省多伦多市一个名叫皮克林（Pickering）的小镇，从小就心怀抱负。在 14 岁那年，他学会了弹吉他，并开始在 Vine 上发布长度为 6 秒钟的翻唱视频。其中，他翻唱了贾斯汀·比伯、艾德·希兰和阿黛尔等人的歌曲。门德斯虽然从未接受任何正规的音乐培训，但他凭借着天生的才华、迷人的魅力，以及对如何在网络上与人建立良好关系的近乎本能般的理解，极大地弥补了音乐技巧上的不足。他频繁地发布新的翻唱视频，迅速赢得了大批忠实的粉丝。当他还住在父母位于皮克林的家中时，在 Vine 上的粉丝数量就达到 100 万人，在 Twitter 上也有约 40 万粉丝。

这一切很自然地发生在了门德斯身上，他在接受《滚石》（*Rolling Stone*）杂志采访时说道：“我就是那种经常上网、经常看 YouTube 的孩子，所以做到这些对我来说并不困难。在我眼里，这些都不是工作。我乐在其中。”

正是这些让门德斯“乐在其中”的事情，使他被慧眼识珠的经纪人安德鲁·格特勒（Andrew Gertler）在 YouTube 上挖掘出来。格特勒当即安排门德斯及其家人飞往纽约，并将他带到录音棚。很快，格特勒就帮门德斯与小岛唱片签订了合约。不久，门德斯的第一首单曲正式问世。这支单曲很快就在 iTunes 上排到了第一名，这使他得以与国际流行歌星泰勒·斯威夫特同台演出，并最终也开始了自己轰动于世的巡回演出。

门德斯的故事告诉我们，借助 YouTube、Twitter 和 Instagram 等社交平台的强大力量，人们可以与受众直接建立联系，无须通过传统好莱坞的力量，也能建立起庞大而热情的粉丝群。这些平台使得每个人都有机会与世界分享他们的故事和才华。

在本章中，我们将深入研究当今几大主要平台，以全面了解想要在这些平台上获得成功，需要注意哪些复杂之处和技术细节。我想让你了解，如何解读平台所提供的机会，如何判断你制作的内容类型可能适合的市场定位，以及如何针对你的内容进行特别处理，使其能够流行起来，获得大量传播。

想要打造爆款视频绝非易事。平台众多，而且不断变化。昨天还能生效的事物，明天可能就毫无作用了。如果你不了解不同平台提供的所有选择，那么无论你的内容多么与众不同，都注定会“竹篮打水一场空”。

话虽如此，但正如知名科幻小说《银河系漫游指南》的作者道格拉斯·亚当斯所说：“不要惊慌。”享誉全球的科幻小说家阿瑟·克拉克将之称为“对人类最好的建议”。

我们每年都会看到几次这样的情况：当有报道称某平台正在改变其算法，以重新定位平台上的所有内容时，整个品牌社群都会充满焦虑。“Facebook 如今限制了状态更新，信息能抵达的粉丝数量有所减少，这会逐渐导致在线视频消失吗？”不，不会的。

人们捶胸顿足，到处发文称马克·扎克伯格让他们所经营的业务难以为继，并悲愤异常地称他们当初选择从事的这个新兴产业变化太过频繁。他们花了无数的时间成本和辛辛苦苦挣来的钱，不断地调整修改他们需要推广的信息，然而，一个月之后发现，算法再次发生了变化。

如果你相信技术新闻，那可能会觉得，你需要一个来自麻省理工学院的数据科学家团队来不断跟进所有平台的算法变化。但是，我在这里告诉你，无须惊慌。没错，算法会一直发生变化，算法的改变也的确会以某种方式影响到内容被点击以及被分享的方式。但是，如果你将关注点放在本书所阐述的全局概念上，那么无论算法发生了何种变化，你都始终可以胜过竞争对手。

这就是为何我将在本章以及下一章使用大量笔墨，来解释这些平台对你造成影响的不同方式，以及你应该如何适应它们以取得最佳结果。关键是要从概念上了解驱动这些平台的根本动机，从根本上了解构建此类平台的初衷，以及它们是如何相互融合并形成我们如今的社交生态系统的。在了解这些基础概念之后，你才能更好地利用这个系统。

理解社交生态系统

在深入研究特定平台之前，我们不妨退后一步，先看看整个社交网络的概念。关于社交媒体，我们先要理解其三大特点。

构建社交网络的初衷是为了用户

这听起来似乎显而易见，但实际上大多数人从直觉上并不这么认为，甚至我们这个领域的专家都没有理解清楚这一点。

让我们回顾一下电视和广播等传统媒体网络。构建此类媒体的初衷，仅仅是为了服务于广告客户。品牌希望通过付费的方式，利用电视和广播来推广自己的产品，使自己的产品能够被更多的受众知晓，于是便有了此类媒体的存在。

但是，对于如今所有的社交媒体平台而言，不也是相同的道理吗？如果不是拥有一个庞大的受众聚集机制，以及数十亿点击量的可能性，那 Facebook 又怎会如此受到广告商们的重视？然而，新兴社交媒体平台和传统媒体的不同之处在于，构建此类社交平台的初衷并非在此。构建它们的初衷在于，让人们能够互相联系，分享彼此的生活。这才是此类平台唯一的初衷。

我曾多次在一些品牌的董事会会议室中，看见高管们将当今的社交媒体平台视为用于品牌推广的某种后现代广告投放系统。他们满嘴谈论的都是“展示次数”“付费广告”和“转化率”等等，就好像 Instagram 的创建就是为了使他们能够将棒棒糖卖给某个印第安纳波利斯的孩子似的。

但是社交网络和传统媒体完全不是一回事。在传统媒体中，从观众身上谋利是其内容的本质，但对于社交网络而言，从观众身上谋利只能是附加的，而不能将其视为内容传播的本质。没错，从用户身上获取利润可能是非常重要的，平台也可能因此获得高达数十亿美元的收入，但是请记住，这并不是平台的核心功能，理解这一点至关重要。

无论是品牌还是个体，想要在这些平台上取得成功，你都需要始终了解用户的心态，以及与社交平台生态系统相关的一些不成文的规则。在这些平台上，你实际上是一位不速之客——没有人为了查看某家移动通信运营商所推出的最新流量套餐而专门登录 Facebook 账户——因此，你最好按规章办事。

让我们回顾第 3 章的内容。作为这些平台上不请自来的客人，你最好能够将重点放在为观众提供价值上，而不是把他们的时间浪费在观看你的广告上。这样，你或许才能结交到更多的朋友。

我的合作伙伴尼克·里德常常会通过一桩鸡尾酒舞会上的轶事以及如何合理地运用社交礼节，来解释互联网社交平台上这些不成文的规则。假设在一个鸡尾酒舞会上，你正在和朋友们聊着天，一个陌生人突然跑到你们中间来，开口找你借 20 美元打车回家，你会如何回答他？是不是会立马回绝？相反，如果这个人慢慢接近你们谈话的圈子，然后微笑着自我介绍并与你握手。在接下来的 30 分钟里，你们又针对生活、孩子以及双方都有多讨厌上下班通勤等话题进行了非常愉快而活跃的讨论，你对此人是否会好感陡增？而此时，当这个人用一种很难为情的表情告诉你，他忘带钱包了，能否找你借 20 美元打车回家，这时你会借给他吗？我敢打赌，你会借的。

对待社交媒体，你应该采取同样的心态。

每个平台都是独一无二的

尽管所有社交平台都是围绕用户需求这一共同的核心而运转，但它们同样是独一无二的，每个平台都有自己的目标和操作方式，即每个平台都会将重点放在它正在尝试为用户解决的特定问题上。它们通过特殊格式化文本、照片、视频和表情符号，来形成自己平台独特的表达形式，并以此来指导人们如何与朋友、家人和粉丝们进行交流。每个平台都有其独特的内容更新频率、内容的深浅程度以及用户活跃程度等，以此来形成该平台独特的节奏和韵律。

多年来，人们一直在探讨 YouTube 与传统电视之间的区别。的确，这两者之间区别很大。但是，就用户体验而言，与上述二者之间的巨大区别类似，Instagram 与 YouTube 之间同样有着天差地别；Twitter 与色拉布之间的区别和 WhatsApp 与 Facebook 之间的区别也都不亚于此。它们各自涉及完全不同的领域，每个领域都有独特的规则和准则。在试图理解和利用各种社交平台时，请始终牢记这一点。

在本章后面，我将深入探讨所有对品牌推广而言最具价值的平台，其中包括 YouTube、Facebook 和 Instagram 等等。当然，Twitter、色拉布和 Reddit 等在内的平台我们也不会忽略，我们将此类平台称为“直接信息平台”。我认为，只有当你真正了解是何种差异使得每个平台都独一无二，你才能够在社交媒体上获得成功。

因地制宜，拒绝一概而论

分析到这里，这条规则应该已经很显而易见：由于平台之间存在差异，所以你必须针对每个平台制定相应的策略和执行方式。也就是说，你不能在 Facebook 上投放一则适用于 YouTube 的视频，并指望它取得不错的效果。如果你这样想，那你就大错特错了。

在品牌界，过去几年曾出现过“内容通用”的理念。这通常指大多数公司在商业推广策略上大量使用视频，并在所有社交媒体渠道中反复使用同一则视频。当然，由于 Instagram 将视频长度限制在了 60 秒钟之内，因此这些品牌都会针对该平台将原始视频进行删减，但本质上仍是相同的视频。

这是极度错误的理念。试想一下，这就类似于福克斯电视台与连锁影院 AMC 合作，将单集的《与星共舞》（*Dancing with the Stars*）[①] 作为缩减版的电影，在美国全境2000个影院放映，并同时推出一款播客版的《与星共舞》。这根本毫无道理可言。谁会想去电影院观看真人秀节目？谁想听舞蹈比赛节目？我们根本不会用这些奇怪的方式来娱乐休闲。

同理，你不能将为 Facebook 量身定制的视频直接搬到色拉布上去发布，也不能期待把为 Instagram 制定的大量使用图片的策略套用到 YouTube 上时还能收到同样的效果。不同的平台是完全不同的世界，你需要针对它们采用不同的工具、制定不同的类型、设计不同的节奏，如此方能奏效。当然，要做到这一点需付出大量的努力，但这是确保成功的唯一途径。

综观这三个指导原则，你就会发现，之前过度宣传的“内容通用”的概念基本上等同于“无处有效”。我的建议是始终选择完全相反的路线：不要过于分散自己的注意力，不要试图利用好每个平台——这只会使你对平台的复杂性感到不知所措，还会使你因不断失败而筋疲力尽、心灰意冷。你应该从深入研究某一个平台开始，将重点放在最适合你的需求的平台，并采用一种“在测试中学习”（test-and-learn）的方法，不断尝试，直到成功，并最终达到熟练驾驭所选平台的程度。我将在下一章中详细讲述此方法。

这正是来自 Facebook 的杰伊·谢蒂、来自 YouTube 的“愤怒的皮特”（Furious Pete）和来自色拉布的阿曼达·塞尔尼（Amanda Cerny）等网络名人获得成功的原因。你只有在熟练驾驭一个平台之后，才可以转战到下

①《与星共舞》：美国广播公司于 2005 年夏天推出的历时八周的比赛类真人秀节目，由专业舞蹈家搭配一位明星共同参加舞蹈比赛，是收视率第二高的真人秀节目。——编者注

一个平台，这样你才能够逐渐脱颖而出。你可以参考一下红牛是如何利用 YouTube 推广品牌的，爱彼迎是如何利用 Instagram 开展营销的，以及温迪国际快餐连锁店（Wendy's）又是如何利用 Twitter 进行宣传的。这些品牌花费了大量时间和资源来学习如何熟练地驾驭平台，如今它们正因此而收获了累累硕果。

不同的平台，不同的规则

前面我们已经笼统地讨论了这些平台，接下来让我们分别针对具体的平台进行探讨。我一直试图找到一种能够以清晰、易于理解的方式描述各家社交平台的类比，但一直都没什么收获。直到有一天，我偶然在一次会议上听见我们公司的战略家帕特里克·马祖卡（Patrick Mazuca）将不同的平台描述为一座城市不同的地标建筑，我认为这个类比非常形象。当然，与大多数类比一样，该类比也具有一定的缺陷，但我认为，它利用每个地标建筑以何种方式在城市中发挥作用，来解释各个平台在人们的线上生活中扮演的不同角色，确实有助于我们准确理解各个平台之间的差异。所以，接下来我们就一起来认识一下帕特里克的“互联网之城”。

如果将互联网看作一座城市，YouTube 就是这座城市的图书馆。通常来说，人们访问 YouTube 时的意图都非常明确，就像过去人们走进图书馆寻找有关特定主题的书籍或文章一样。如今，用户通常会在 YouTube 上搜索他们想要观看的任何内容，包括最新的音乐视频、如何更换火花塞的步骤说明，乃至为晚餐食谱寻找灵感等，不一而足。

如今，搜索功能已经是 YouTube 的核心功能了，毕竟该平台早已被谷歌收购，但该平台也通过不断发展形成了其独特的搜索风格。YouTube 成立于 2005 年，于 2006 年被谷歌收购，在成立之初，YouTube 是一个爆款视频分享平台。这是第一个允许人们在互联网上向全世界展示自己并建立自己的个人品牌的大型网站。从某种意义上说，YouTube 创建之初的定位是互联网上的电视，该平台上的用户既是内容发布者又是观众。

早期，YouTube 频道主要依赖于其所有者或者频道内容的策划者，至今在很大程度上仍是如此。这种设定的预期是频道拥有者将出现在自己发布的内容之中，他们会成为自己节目的主角。除了极少数的例外，有影响力的 YouTube 主播们通常不会在自己的频道上发布其他人或公司的视频。

早期的 YouTube 用户触发了品牌推广整体局势的改变。随着千禧一代的选择从电视转向互联网，他们的注意力更多地放在了网络上更为原始、更大尺度的内容上，使得新一代的媒体明星应运而生。在这一时期，人们充满了发现的热情——年轻人觉得自己正在不断发现新的明星主播，而不是被动接受那些遥不可及的媒体公司通过电视强推到他们面前的明星。观众对网络主播的成名拥有了更多的决定权，这让观众获得了一种自己掌握话语权的感觉。

这是新一代电影制片人的觉醒，直接使得视频分享量呈爆炸式增长。随着市场的不断扩大，视频内容的质量也迅速提高。有些视频不仅是以 4K 超高分辨率进行拍摄，所讲述的故事同样可以与院线电影相媲美。最为重要的是，这些视频都体现出一种创作者所特有的、千禧一代所独有的氛围和视角。

这些网络视频不仅质量越来越好，视频的数量同样呈现出由适量稳定的涓涓细流转向山洪式爆发的状态。在 2019 年，每天都有总时长超过 50 万个小时的视频上传到 YouTube。试想一下：50 万个小时，仅在短短一天之内。这是一个多么惊人的数据！对于平台来说，这意味着两件事。

首先，大量内容的存在，使得普通人和品牌几乎无法在平台上获得“病毒式传播”。当然，也绝非不可能，但这种可能性非常渺茫，因此你不应将这种渺茫的可能性纳入你战略的核心部分。

其次，如此大量的上传内容，使得 YouTube 成为一个终极信息交流中心。该平台上的在线视频几乎囊括了你能够想象到的任何主题。

这种发展使得 YouTube 成长为一个比原始定位更加有趣的平台。YouTube 将用户发布的所有内容都存储在该平台上，这意味着感兴趣的用户可以直接在线检索想要观看的内容。凭借用户为视频添加的关键词和关键短语标签，YouTube 能对这数十亿小时的内容进行分类，这使其成为在线视频的公共图书馆。

YouTube 逐渐摆脱了“以即时性著称的病毒视频分享平台”的形象，如今以其个性化多样性的内容而闻名。谷歌是互联网上最受大众青睐也最为有效的搜索引擎，它在收购了 YouTube 之后，同样将搜索功能纳入了 YouTube 的主要功能之中，并且做得非常成功。在 2018 年，人们每天在 YouTube 上观看的视频数量超过了 50 亿则。要知道，普通的有线电视台每天大约才有 50 万名观众。这二者之间其实毫无可比性，此处两相比较，只是为了让你能够对这个世界的发展方向有更直观的了解。由于具备搜索功能，YouTube 成了线上视频内容的巨头。

为了确保持续增长，如今 YouTube 更加注重个性化网站体验，而不再只利用爆款视频来吸引用户。现在，该网站将重点放在了帮助用户使用搜索功能寻找特定内容上，并利用人工智能（AI）算法，根据用户之前的搜索内容，向其提供个性化的视频推荐。

AI 算法是一个颇有争议的话题。AI 算法的支持者称，人工智能将比你自己更了解你想要什么。但是，由于我们仍处于人工智能开发的早期阶段，因此也有很多 AI 算法错得离谱的例子。

从积极的角度来说，YouTube 平台的视频推荐算法已经相当成熟，能够为大多数用户推荐他们真正感兴趣的内容。如果来自宾夕法尼亚州的莉斯贝丝喜欢烹饪，常常花时间去搜索和观看与烹饪相关的内容，那么在她每次登录时，YouTube 平台都会将新发布的烹饪视频推送给她。如果她开始寻找去卡茨基尔度假的相关内容，那么该算法也将随之改变，在原来的基础上添加一些假期租赁和旅行提示相关的内容。这就类似于去图书馆查找食谱方面的书籍，然后再去旅行书籍所在的区域。你将很容易找到你所需的内容，因为这些内容都是以极具逻辑性的方式分门别类的。

当用户搜索得更多的是具有两极分化、争议较大或者较为重要的话题时，AI 算法就会起到一些负面的作用。如果来自蒙大拿州的安迪想要搜索和犹太人大屠杀相关的视频，并不小心点击了一些否认该事件发生过的视频，那么算法可能会不断向他提供与否认该历史事实相关的内容，从而将他带入阴谋论和政治宣传的深渊。如果他选择接受这些视频信息而不予深究，他可能最终会认为大屠杀从未发生过。因此，究竟是选择相信此类视频，还是意识到这些视频具有欺骗性，从而选择能够提供更可信、更准确的历史事实的视频，将取决于安迪自己的判断，因为该平台的算法还没有成熟到能帮他辨别是非的程度。

如果莉斯贝丝没有选对胡椒粉，那无非就是做出来的饭菜不太好吃。但如果容易受他人意见影响的安迪接受算法所推送的视频，将其视为历史事实，那后果则不堪设想。

上述属于较为极端的例子，遗憾的是，它们都是很真实的案例。如今社会中，人们已经非常习惯于将 YouTube 视为视频的搜索引擎，很少有人会在该网站上随意浏览各种频道，毫无目的地观看数百个自己不感兴趣的视频。相反，人们通常都知道自己想看哪方面的主题，直奔想要观看的内容而去，也不会在意视频的累计点击量如何。

YouTube 已然发展成为一个线上视频图书馆，这能够带来非常积极的结果。我的岳父约翰 · 弗林克（John Frink），就是一个从中获益的完美例子。去年夏天，他想给我们的后院亲手制作一个花园小矮人，作为礼物。他选择了 YouTube 平台，在搜索框里输入“如何制作花园小矮人”——如果时光倒回至五年前，他绝对不会这么做。

一下子，屏幕上就弹出了看似无穷无尽的搜索结果列表。他滚动屏幕进行浏览，然后观看了四则看起来最有趣的视频。哪四则呢？你猜得没错——正是标题和海报帧与他的搜索关联度最高的四则视频。其中一个由蒙玛特艺术频道发布的视频提供了极大的价值，该视频用一种简单直接的方式，一步一步讲述了应该如何从零开始制作一个花园小矮人。该视频的海报帧显示的是某人正在给一个即将完工的小矮人上色。标题同样直接有力：《艺术手工课：如何使用空气硬化黏土来自制花园小矮人》。

视频中，一个充满活力和热情的主播，逐步指导你如何使用能在本地五金店或家居装饰店购买到的简单材料，来制作一个花园小矮人。该视频长达 10 分钟，对于初次尝试制作却又期望获得一个具有专业水准成品的业余爱好者来说，该视频可谓是一个完美的指南。如果没有这则视频的帮助，他们将无所适从。约翰按照视频的指示进行制作，反复观看视频数十次，最终制作出一个非常出色的花园小矮人，见过的亲友无一不对他的手艺赞不绝口。

* 照片由约翰 · 弗林克拍摄

约翰的手工项目可视为成功使用 YouTube 平台的佳例。他“去图书馆”进行了一些研究，找到了一则能够向他提供他所需信息和指导的视频。如今，手工制作小矮人的项目已经完成，约翰下一次使用 YouTube 时，他的需求将与此次完全不同。其实从这个角度来思考 YouTube 以及大多数人使用该平台的方式，不失为一种很好的方法。

所以，这对于想要制作视频并发布在 YouTube 上的你来说意味着什么？意味着你需要从两个层面来考虑该平台的搜索功能——理念层面和技术层面。

理念层面

在第 3 章中，我花了很长的篇幅着重讲述了想要制作成功的内容就必须赋予其价值。对于任何社交平台而言，聚焦价值都是一个重要的概念，而 YouTube 尤为如此。请你不妨思考一下我岳父的例子。他并没有漫无目的地浏览网页，没有走马观花看那些很酷的内容或者五花八门的 YouTube 频道，他上网并非为了打发午餐之前的一小时无聊时光，而是针对一个非常具体的主题，去寻找能为该主题提供价值的视频——这个主题就是如何制作一个花园小矮人。

每天都有数千万人面对特定的问题，采用上述相同的做法在 YouTube 寻求解决方案。如果你是品牌方或主播，不妨思考一下，对于你想要吸引的消费者或受众群体来说，什么样的内容才具有价值。你可以设身处地地想一想，他们将会搜索什么类型的内容，然后再考虑如何将你拥有的专业知识、你擅长的领域与他们想要解决的问题相结合。你能够提供何种受众认为有价值并且与众不同的内容？理解清楚这些对你来说意味着什么，然后给观众他们想要的。

假设你经营的是一家类似于家得宝的家装店。按照传统的广告思维，你将会选择在 YouTube 上投放付费广告，试图告诉观众，如果想要在家进行装修的话，你的家装品牌是不二之选。而且，在 YouTube 上，你还可以通过复杂的算法，来精准定位那些搜索家装视频的用户。如此一来，你是不是就以为，你所面对的就一定是一批全神贯注观看广告的观众？

大错特错！通常广告会在视频前面播放或者在视频中间进行插播，而这种方式往往严重阻碍了你的受众群体实际想要观看的内容，因此，他们会尽可能地跳过或无视你的广告。毕竟，如果他们只是想从视频中学习如何重新粉刷卧室墙面，那你的广告做得再精美对他们来说又有什么用呢！

听起来或许有些让人难以接受，但这就是互联网时代的真实现状。

相反，假设你聚焦于价值，那么你将会创建何种类型的内容？举例来说，如果你的公司是家得宝，你必须首先了解自己的品牌优势。你不仅是房屋装修方面的全方位专家，还拥有着令人难以置信的详尽数据，使你对人们在网上及在你的门店里购买的家装产品类型了如指掌。通过这些数据，你可以确定一系列最受欢迎或者必不可少的家庭装修项目，并针对这些特定的项目制作有价值的内容。例如，如果数据显示最常见的一项家庭装修项目是粉刷卧室，那么你就可以制作一系列的相关视频，向观众展示如何通过简单易懂的步骤来完成粉刷卧室的任务，同时最大程度地节省他们的时间和精力。或者，如果视频展示了如何像专业人士一样完成粉刷房间的任务，实际花费却只是聘请专业粉刷匠所需费用的几分之一，是不是更妙呢？不用说，那些在 YouTube 上搜索“如何粉刷卧室”的人对此肯定感兴趣极了。如此一来，你就是在真正考虑观众的实际需求。接下来，你可以开始制作视频了，诸如《如何建造自己理想中的厨房》《如何节约家庭生活用水》《如何建一个让邻居羡慕万分的花园》等。这类主题是无穷无尽的。

此处，有两个重要的驱动力在发挥着作用。

首先，类似于家得宝这样的知名品牌，它们拥有巨额的营销预算，这意味着在它们所涉及的领域，它们拥有足够的资源来提供最佳的内容。没错，有很多专家能够在相关领域提供优质的内容，但质量足以与大品牌相媲美的，少之又少。

其次，通过提供具有价值的内容，品牌迈出了与这些潜在客户建立联系的第一步。这可不是一般的潜在客户，而是一批针对性极强的潜在客户。你想想，谁会搜寻有关粉刷卧室的视频？没错，那些即将粉刷卧室的人。家得宝通过提供此内容，将自己定位为专为有需要的潜在顾客服务的专家。如果

平台是如何对内容进行整理和分类的，尤为重要。每个视频的元数据不仅决定了它将在何种搜索结果中出现，还决定了它能否在推荐视频列表中出现。推荐视频列表位于 YouTube 界面右侧，该列表对你的视频能否获得成功至关重要，因为它通常是观众进入“无底洞”探索的入口。YouTube 的算法将会根据用户在搜索框中输入的内容以及观看历史记录，在该列表中向用户推荐更多他们可能感兴趣的视频。

假如你是一位烹饪主播，想与全世界分享你祖母的意式烩饭食谱，那么该视频元数据的主要组成部分是什么？接下来，我将对这些组成部分进行介绍，并简要讲述其中的注意事项。

标题

YouTube 将视频的名称称为“title”，但我认为“headline”这一术语更为贴切。

- 请不要忘记为你的视频设置标题。你会惊讶地发现，平台上有不少视频以《意式烩饭第三次剪辑》作为标题。当你取标题时，请不要使用平淡无奇的通用标题，例如《意式烩饭食谱》。这种标题并不能说明你的视频与其他意式烩饭食谱视频有何不同，因此没有人会愿意点击播放。另外，请不要在标题中使用《爆炸式意式烩饭》之类傻兮兮的标题，除非你真的用慢镜头拍摄了一段炸开意式烩饭的视频，因为只有这种情况才能够解释此标题的由来！
- 取一个独特、清晰且具有描述性的标题，例如《完美做出意式烩饭的 4 种方法，意大利祖母的秘密食谱大揭晓！》当然，你应该查看同类视频中点击量较高的视频都采用了何种标题。尽量使用能够带来海量点击量的关键字，并将此类文字置于标题开头。如果标题中必须包含品牌名称、剧集编号或其他毫无吸引力的详细信息，请将此类信息置于标题结尾处。你还应测试标题，以确定何种表述最为贴切。（更多相关内容，请参见下一章。）

海报帧

- 从视频中挑选你喜欢的图像作为海报帧。请永远不要让 YouTube 算法自动为你选择海报帧。它只是随机选择，和你闭着眼睛瞎选并无二致，这种方式选择出来的海报帧无法吸引人们的点击。
- 尽可能多花时间去思考该选择哪张图像作为海报帧。在资金允许的情况下，聘请一位静物摄影师，或者至少使用一台像样的相机，来拍一张美丽而醒目的图像作为能够吸引人的缩略图。这并不是指你不能使用视频中的某帧定格画面作为海报帧，事实上，有时候，这种定格画面往往还是海报帧的最佳选择。事情的关键在于，你要花足够多的时间和精力去寻找能够引起人们注意的图像。

内容简介

- 不要不经思考地撰写空泛的内容简介。内容简介的开头绝对是吸引人们注意的关键，其余部分则是促使人们继续观看下去的重要部分。重复标题，然后将一堆标签和链接作为内容简介的话，你将一无所获。
- 要始终将观众放在心中。在本案例中，你的观众可能正在寻找意式烩饭食谱，而你拥有最好的食谱！你所拥有的食谱和他们的需求可谓是天作之合，你得尽快让他们知道这一点！所以，向他们提供一个简短的说明，尽可能列出此食谱的特别之处，以此吸引寻找该特定食谱的人来点击你的视频。该食谱能否让人快速、简单、确保“零失败”地做出一道意式烩饭？你的食谱具有哪些独特的关键成分使之与众不同？将这些信息放在内容简介的开端。随后，为观众们提供更多的详细信息，保持个性化，同时别忘了为他们提供购物清单和书面食谱。

在内容简介里做到这些，无异于是在告诉他们，如果他们点击你的视频，整个烹饪过程对他们来说将变得非常简单。

标签

- 不要忘记添加标签。标签是搜索引擎工作的关键，它们可以帮助用户在网站上进行搜索时找到你的视频。当用户在搜索框输入与你的标签相关的关键字时，你的视频就会出现在他们的搜索结果列表中。如果你的文字中从未出现过“松露”一词，那么搜索松露意式烩饭食谱的人自然也就无法看到你的视频。另外，请不要写错别字，或者使用很空泛的通用标签。使用“好”这类的词语对你来说毫无裨益，“美味”和“最美味”可能会有点帮助，但是如果你连这个词语都写错了，那自然不会起到任何作用。
- 利用平台来帮助你选择作为标签的词语。既然世界上覆盖范围最广的搜索引擎触手可及，不妨看看它有何建议。操作起来非常简单，只需输入与你的意式烩饭食谱相关的内容，然后看搜索引擎会弹出哪些自动填充建议。“速成”一词出现了吗？我敢肯定出现了。那么看看该词是否适用于你的视频。或许，甚至应该在标题中采用该词？除了“速成”，还有哪些其他关键字你可以采用？人们想利用“ 5 分钟食谱”来“快速”做成一道意式烩饭吗？这些都是算法能够给你带来很多帮助的地方，毕竟它是经过精心设计、用于从你和竞争对手的视频中提取标签的。花时间了解一下关键词建议工具。
- 请不要忘记在标签中包含你个人或者品牌的名称。令人惊讶的是，许多主播或品牌会忽略这一点。但如果你希望人们能够通过搜索你的名字来找到你的话，你最好还是在发布内容时添上名字标签。
- 最后一点：将所有标签都放入一张电子表格中，然后按相关性对其进行排序。所有包含“速成”或“快速”的字词都应该归为同一类，如此一来，你便可以确定几组词语作为你的核心选择。添加数百个无关紧要的标签毫无益处，你需要确保所添加的标签都具有高度相关性，并确保最佳标签出现在列表顶部。因此，将它们通通放入电子表格进行相关性排序，可能会对你很有帮助。

这些步骤将为你提供一个良好的开端。还请记住，YouTube 相当于一个在线视频的归档库，因此你所上传的内容随时都有可能焕发第二次生命，所以请定期更新所有的元数据，以免信息过于陈旧。

在此，我还要冒着听起来像一位古板老教师的风险，再三强调一件事：请检查！事实上，很多人在上传视频时都没有认真检查。这听起来似乎很不可思议，但人们的确经常犯这样的错误：花上数周功夫去拍摄和剪辑视频，却在上传视频的时候输入错别字。

当然，在完成上述种种步骤时，要始终切记最重要的一件事——坚持自己的声音，保持真实的自我。几年前，YouTube 平台上出现了一种趋势，人们试图添加与热门搜索话题相关的词语作为关键字，但实际上他们所发布的视频与该热点话题毫无关系，只是通过该手段来骗取点击量。这种方式在一段时间内确实有效，但随后 YouTube 就严厉禁止了这种做法，并严惩了那些试图用毫不相关的视频来蹭热点的发布者们，甚至下架他们的视频。从那时起，YouTube 的算法也发生了变化，如果你现在还尝试这样的做法，那么系统将立马通过降低你的排名或完全禁播你的视频来惩罚你。

总之，只要你能正确利用该平台，并始终保持真实的自我，那么 YouTube 将会成为人们发现你的绝妙场所，正如或许有人在他家附近的公共图书馆中找到本书一样。

我们之所以花了很长的篇幅讲述 YouTube，是有充分理由的。因为 YouTube 是我们所介绍的第一个平台，即在我们虚构的城市中，这个公共图书馆是该城市有史以来第一座地标性建筑。而其他所有建筑物，或多或少都是以其为参照而构建起来的。现在我们已经建立了参照点，所以接下来当我们深入探讨其他平台时，速度就要快得多了。

如果 YouTube 是一座公共图书馆，那么 Facebook 就是馆外熙熙攘攘、铺着鹅卵石地面的城市广场。虽然该广场至关重要，但由于它浸润到了我们社会中的方方面面，以至于我们对它熟视无睹，哪怕在这个广场上新店冒出来的速度比旧店关张的速度还快。昨天，这里还是一个我们可以与老友叙叙旧的安静广场，今天，它就一改旧貌，变得热闹繁华。它不仅通过 Facebook Watch 开办了电影院，通过 Facebook Messenger 设置了电话亭，还通过 Facebook Marketplace 开办了市场，而就在我码字的此时此刻，又有几家约会应用程序入驻了。

在诸多方面，Facebook 与 YouTube 正好相反。你离开一个相对安静的图书馆，走进一个熙熙攘攘的广场，这里挤满了来自各行各业的人，四面八方都是他们大声喧哗的声音，他们发表着自己的意见，热情地向你展示他们的食物，告诉你他们打算在周四参加的活动，向你展示他们美好假期的照片。

简而言之，YouTube 是具有巨大长尾的数字图书馆，而 Facebook 却只关注即时即刻的体验、只关注当下眼前发生的一切。这主要是因为Facebook是一个基于关注的系统。这种系统从根本上来说有别于 YouTube，但也非常强大，许多社交媒体平台都是采用这一系统。它的概念不言而喻：当你打开 Facebook、Instagram 或 Twitter 等社交软件时，你所看到的信息就是你“关注”的信息。由于你在此类平台上长期关注某些内容，算法便会根据你的喜好，来决定将何种信息流推送到你的面前。

在 Facebook 上，如果你给丽莎的某篇帖子点了赞，该算法后续会优先向你显示更多来自她的帖子。如果你给她的帖子点赞越来越多，那么平台向你推送她的帖子也会越来越频繁，不久，你就生活在以丽莎为中心的泡沫之中了。这种现象引起了很多争论，Facebook 正在积极尝试改变算法以削弱这一现象。他们的尝试已经初见成效，但从某种程度上来说，引发这种现象的根本原因并非由于 Facebook 的算法，而是源自人性。

假设你正在城市广场漫步走向你最喜欢的那家咖啡厅，而咖啡厅外面有很多人聚在一起。那群人正在针对某些热点话题高谈阔论，并且他们的意见与你的观点截然不同。在这种情况下，你是否更愿意去另一家咖啡店，以便和朋友在安静的环境中闲聊呢?

你当然愿意，正如大多数人的选择一样。我们所有人都宁愿在一个安静的环境和朋友们闲聊，开开心心地待在自己的小世界中，而不是跟一大堆与自己意见相左的人当面对峙。

这种行为完全出自人的天性，如果将其纳入 Facebook 算法中考虑，就意味着如果你是左翼自由主义者，那么你在 Facebook 上关注的各种内容中则不太可能出现保守主义的观点。我们急于将 Facebook 视为这种现象的始作俑者，在某种程度上认定是该平台故意不让我们看到与我们对立的观点，但实际上，是我们自己主动选择对对立的观点视而不见。是我们自己选择了坐在广场对面的另外一家咖啡厅里。

当然，广场上还存在着各种各样的宣传活动。有些人会对各种事物发表意见，无论世界政治还是一条毛巾，但他们实际是机器人伪装的。由于我们还不习惯周遭有机器人的存在，所以仍然倾向于将它们误认为是真实的人。Facebook 算法正在学习如何识别它们。因此，当你在此处漫步时，我们所能给出的唯一建议就是要注意它们的存在。有些人并非他们所展现的模样，有些甚至根本不是真实的人类。

该城市广场也是一个隐藏自己的绝佳场所。你可以将其想象成工作场合中的茶水间，人们时常聚集在此交流八卦消息，谈论体育、政治或者娱乐方面的事情。但 Facebook 与茶水间最大的不同在于，当你进入其中时，你会像是来自 J. R. R. 托尔金①的小说中身穿隐形斗篷的人物一样，拥有隐身的力量。你可以身处其间，聆听人们的对话，而无须向人透露你在那里。当然，是否隐身完全取决于你的选择。只有当你选择参与到对话之中时，你才需要脱下斗篷，露出真身。

那么，如果你想要在这个嘈杂、喧闹而又繁忙的地方，使你的信息以某种方式获得突破，究竟应该怎么做呢？这意味着你需要引起人们的注意。你要制造出一个巨大、响亮、引人注目的声音，才能使广场上的每个人都突然转过头来关注你。但无论你做什么，人们的关注都不会持续很长时间。与上传到 YouTube 的视频相比，Facebook 热门帖子的动态性要强得多，浏览量、回复量以及分享量在帖子发布后很快就会达到峰值，然后通常在一到两周内显著下降，除非你后续再次转发该帖子。

这种现象完全是由于 Facebook 是一个基于关注的系统。当人们关注到你的帖子之后，很快就又有别的内容成为他们关注的对象。Facebook 上的所有内容都只是昙花一现，更新速度非常快。但这并不意味着信息的传递效果差，实际上恰恰相反。

由于 Facebook 是由算法来驱动的，而非取决于人们在搜索框内自行输入想要观看的内容，因此我们可以针对目标受众定制内容，使内容的传播更加高效。Facebook 有着无与伦比的受众细分工具。针对如何精准定位到消息的目标受众，没有其他平台能够与之媲美。当然，Instagram 是个例外，

① J. R. R. 托尔金（1892—1973 年），英国作家，诗人，以创作经典严肃奇幻作品《霍比特人》《魔戒》而闻名于世。——编者注

因为该平台已被 Facebook 公司收购。

要想在 Facebook 上取得信息传递的良好效果，有几件事情不能忽视，它们恰巧都能通过完整的漏斗式营销概念阐述出来。简而言之，漏斗式营销是指一种由浅入深的营销方式：首先，你需要获得巨大的知名度，以使每个人都知道你的存在，这是漏斗的顶层；然后，你通过引人入胜的内容，引导人们点击分享，这是进入漏斗深处；最终，将人们的兴趣转化成实际行为。无论你的目标是什么，此时你要能推动他们采取一些行动，例如订阅电子期刊或者购买鞋子等。漏斗层层缩小的过程，意味着从展现到生成订单这个过程中，不断有受众因为各种原因离开。

我们认为，网络平台上的漏斗式营销具有许多有趣且独特的差异，Facebook 尤为如此。接下来，我将通过 3 个详细的示例进行阐述。

传统漏斗

漏斗的顶部是巨大的知名度。在传统模式中，巨大的知名度是通过大量电视广告、广播广告和平面广告来获得的。你只需花费重金，让你的品牌广告出现在城市的海报上、电视广播里，这样，每当人们考虑这一产品类别时，首先想到你的品牌。曾经，这种方式非常有效，但如今，它不仅更加昂贵，效果也大不如前。当然如果你资金雄厚，你仍然可以选择这种模式。

社交媒体有它独特的规则。你需要提高关注度和知名度的核心思想虽然是不变的，但在过去，你需要大声传达出你的信息，尽可能地吸引更多的人，无法区分你的目标受众；而如今，你能够对你想要向其销售产品或服务的目标受众，有针对性地开展提升品牌知名度的营销推广活动。

假设你负责福特汽车公司的品牌推广，想出售全新款的野马跑车。按照传统的营销模式，你可以购买一则超级碗的广告以及大量黄金时段的电视广告、广播广告，并在所有人流量较大的地方都张贴印刷广告，如此一来，大家都能看得到你的信息。但在这个过程中，你需要回答下列问题：在你的信息所触及的人群中，有多少人想要购买一辆新车？又有多少人是想要购买一辆“肌肉车”？又有多少人更偏爱美式“肌肉车”，而非欧洲或者亚洲的品牌？当你一层层这样细分之后，所得到的数值简直小到令人心碎。这意味着，你花了数百万美元将信息传达给了一群永远也不会购买汽车的人。即使他们喜欢你制作的广告，也不会改变如下事实：他们可能已经拥有一辆全新的汽车，或者他们的汽车租赁合同还未到期，又或者他们讨厌“肌肉车”，想要购买的是一辆能够接送孩子往返于足球练习场地的多功能车。

所以呢？结果就是你花了很多钱，投放了很多无效的广告。

社交媒体漏斗

在社交媒体上，尤其在 Facebook 和 Instagram 上，你可以明确地细分出你的受众。首先，你可以通过在 4 个不同的类别中设置参数来定义你的核心受众：

人口统计

年龄、性别、婚恋状态、受教育程度、工作场所、职业等。这是细分的第一步，也是最基本的步骤。

位置

明确划分出地理区域，将范围缩小至你想要选择的特定位置。只想接触瑞格利球场[①]的人？那就精准定位到该区域，仅将该区域范围内的人群作为目标受众。

兴趣

根据人群的喜好、兴趣爱好、喜欢的电影和电视节目、偏好的休闲活动等对人群进行分类。想卖登山背包？那就将目标受众定位到喜欢露营、远足和户外运动的人群。

行为

你还可以根据特定的购买行为来细致划分目标受众。例如，他们喜欢使用哪种设备以及其他诸如此类的偏好特征。你所出售的应用程序仅适用于安卓系统吗？那么请跳过苹果的 iOS 用户。

当然，你的受众针对性越强，想要将信息送达他们面前的成本也就越高。这是因为大多数社交媒体平台都是基于行为的媒体系统。我们将在第 9 章中深入探讨这一点，在这里最重要的是对此有个大致的概念。

在传统媒体上，所有广告的制作方式都大同小异。如果你花 30 万美元购买一则插播在《生活大爆炸》剧中的 30 秒电视广告，电视网运营商实际上并不关心你的广告是什么、广告质量的好坏，或者观众观看过后可能会做何感想等等——反正对于电视网运营商来说，价格都是一样的。这些电视网运营商仅关心你的广告是否具有攻击性、是否符合其播放标准和规范、是否符合美国联邦通信委员会法规——但他们对你的广告创意如何、效果如何等等没有任何意见。哪怕你想要花 500 万美元购买一则超级碗广告，然后播放一系列爆炸镜头或者只是在一块黑色屏幕上显示纯文字，也无可厚非。制

① 瑞格利球场：美国第二古老的棒球场，建于 1914 年。——编者注

作这些广告的价格可能有所差别，但是投放在超级碗媒体上的价格都是一样的。

然而在社交媒体上，情况恰恰相反。

请记住，社交平台是为其用户而创建的，并非为了广告商。吸引人们的注意力是平台的附加功能，而非其核心任务。因此，社交媒体平台最感兴趣的其实在于为受众提供服务。这就意味着，如果他们的受众群体不喜欢你的广告，那么互动参与率会比较低，观看时间也会比较短，如此一来，算法会自动将你的广告排在后面。在这种情况下，如果你想让人们更容易看到你的广告，你就需要支付更高额的费用。相反，如果人们与你的视频互动频繁，那么算法会自动将你的广告排在前面，这样你的广告费用自然就会降低。关于这一点，我们将在下一章中详细介绍。此处最重要的是理解媒体购买[①]在社交媒体上的核心运作原理，这样你就能够针对不同的社交平台更好地制订你的内容。

这点对于在 Facebook 上投放广告尤其重要，因为相较其他基于“关注”的平台而言，Facebook 创立的时间更久。这就意味着该平台的算法经历了更长时间的发展和不断成熟，随着时间的推移变得越来越复杂。

在 Facebook 上，你可以选择将目标受众精确到一个非常小的范围之内。当然，如果目标受众规模太小，影响就会受限，这是显而易见的。比如，如果你的内容是面向 1 亿受众，而其中有 1% 的人喜欢你的内容，那就是 100 万人！但如果你将受众精确定位到瑞格利球场，整个球场满打满算也只有 40 000 人，其中又有多少人会在赛事中查看 Facebook 呢？我们姑且算为大

① 媒体购买：指广告代理商的媒体部门在可获得的预算之内，选用一种最适当的媒体组合，以便将顾客的广告讯息呈现出来。——编者注

概有一半，即 20000 人。如果在这 20000 人中有 1% 的受众喜欢你的内容，那么总共也只有 200 人而已。因此，你定位受众群体的方式完全取决于你的目标。同时，至关重要的一点是，你必须了解平台的驱动因素，如此方能更加明智地定位你的目标受众。

上述内容仅触及了社交媒体漏斗的顶部。当你发出巨响，成功地吸引了大家的关注之后，接下来要做的就是将他们不断引入漏斗深处，将他们的注意力转化为行动，而在这个环节中，受众群体的细分和目标定位会变得非常有意思。

假设你的视频获得了 100 万的浏览量，这是一份相当不错的成绩。现在，让我们看一下这些数字背后真正的含义，以及更重要的一点，这些数字背后隐藏着哪些真实的数据。

如第 3 章所述，如果人们在某视频上停留时间为 3 秒或者超过 3 秒，Facebook 就会将其视为一次浏览。在此基础上，平台还会为你提供具体的停留时间，即人们究竟在你的视频上停留了多久——但它无法判断出人们长时间停留的原因；究竟是因为他们去了洗手间所以没有继续滑动屏幕，还是因为他们真的在观看你的视频。因此我们很难量化这些指标。

确定人们是否真正观看的唯一指标是互动参与率。请记住，只有这项指标是衡量有多少人选择主动对你的视频给出反应、发表评论或分享给其他人。互动参与率的黄金基准是 1%；2017 年“广告时代病毒营销排行榜”中广告的互动参与率中位数为 0.87%。

假设你取得的成绩比类似于百事可乐和耐克这样的大品牌还要好，你的视频获得了高达 1% 的互动参与率。这意味着在 100 万的浏览量中，有 1 万个人给出了回应，分享了你的视频或者发表了评论。这听起来似乎只是 100 万人中很少的一部分，但这一部分受众恰恰是我们需要关注的重点对象。

当你仔细分析这些与你的内容进行互动的受众时，你会发现一些在开始时可能并不明显的受众模式。比如，或许你的内容在威斯康星州的年轻女性中引起的反响比你预料中要好？你的内容非常受垂钓爱好者青睐？不论此类受众模式有何种具体的细节，Facebook 都可以帮你将之整理提炼出来，你可以据此来确定类似受众群体。即只要你掌握了对你的内容感兴趣的 1 万个受众所具有的特定模式之后，你就可以根据他们的共有属性进行关联拓展，找到数百万潜在目标人群。而当你将广告针对这类受众群体进行投放时，你吸引他们的可能性将会高得多。

在将受众的关注转化为行动时，这一点尤为重要。我们公司所采用的方法是，创建具有视觉主题的转化资产，使观众将其与品牌的推广活动联系起来。通过将这些内容重新定位至先前的互动参与者——之前那些主动与推广活动进行互动的观众及其类似受众群体，我们便能够激发出他们的品牌认同，获得较高的满意度。这种联系使他们更有可能采取行动。

当然，我们会根据客户的需求来设计实际的转化行为，以促使人们点击进入网站，或者查看更多内容，更深入地了解产品，乃至前往商店进行购买。

这种机制也使 Facebook 成为产品探索和挖掘阶段的最佳选择之一。由于关注机制在本质上是一个由朋友组成的社交圈，因此人们倾向于信任它。作为营销商，我们可以利用这种信任，使人们透过自己关注的内容来发现我们的产品。通过提供可靠的产品信息，人们获取此类资讯的渠道变得畅通无阻，他们便可由此决定是否采取下一步行动。而一旦发现有人对我们的产品感兴趣，我们就能以之为种子受众来重新定位目标，从而扩展到更多类似受众群体。

翻转漏斗

由于每天都花大量时间泡在各种网络平台上，这使我们拥有了一种看待事物的独特视角。如果你看过电视剧《怪奇物语》（*Stranger Things*），你会发现这就像是名叫十一的超能力小女孩所描述的表里世界（The Upside Down）；如果你还没有看过这部电视剧，那不妨去看一下，这是一部很棒的电视剧。与此同时，你不妨将表里世界视为一个平行世界，在这个世界中所有事物都是反向和倒置的，就像我们的现实世界在哈哈镜中的成像一样。这种视角使我们能够以一种非同寻常的方式来看待平常的事物，在观察传统媒体和广告根深蒂固的趋势时，这种视角的洞见尤为明显。

当我们观察传统的销售漏斗时，令我们感到震惊的是，我们认为它完全应该翻转过来。传统漏斗作为一种主要的工具，如今仍然发挥着巨大的用途，但我们需要从另一种角度来使用此工具。为了说明这一点，我将以最近与我们达成合作的客户 TaxAct 为例，进行进一步阐述。

TaxAct 是一款报税软件，旨在为自行申报税务的用户提供相应的服务和解决方案。在报税软件市场上，TaxAct 属于一个挑战者品牌，排在该品牌前面的有 TurboTax、H&R Block 和 Credit Karma 三大知名税务管理软件。当我们第一次与该公司交谈时，我们获知在即将到来的 2019 年报税季，该公司打算将全部精力都放在传统电视宣传活动上。他们为此制定了高额的传统媒体预算及电视广告制作预算，计划通过投放传统的电视广告来提高品牌知名度。除此之外，他们还要在社交媒体上投放一些视频前置广告。当时，他们正在为广告寻找创意，并与许多传统营销推广机构进行了洽谈。

我们公司对在传统媒体渠道中的竞争并不感兴趣，甚至不理解为什么该公司会找我们来洽谈，但他们向我们表明，他们愿意做一些非同寻常的尝试。于是我们不管不顾地直接摊牌，不仅向他们解释了我们公司的营销推广方式，阐明了我们与传统电视广告完全不同的操作过程，而且提出了以一种革命性的方法来制作他们的电视广告。这种方法是一种三步走的策略。

数字优先架构

数字优先的思维方式决定了我们将以数字形式来创建所有内容，以此作为测试的基础，来确保在电视和印刷物等传统媒体上投放广告之前，我们的概念能够在数字媒体上引起受众的共鸣。

测试和优化信息内容

与传统广告一样，信息内容在数字广告中也十分重要，但二者的区别在于，以传统方式对信息内容进行测试时，往往仅涉及焦点小组或者小规模的样本小组。而在 Facebook 上测试我们的数字化信息内容时，我们可以采用“测试与学习”工具，针对不同的创意版本，对 Facebook 上的真实受众进行 AB 测试，以获得更精确的结果。

完整漏斗式营销的转化

这一步是翻转漏斗模型自然而然得出的结论。按前面步骤进行分析、评估出最优秀的版本之后，接下来我们将会以完整的漏斗式营销策略来传播该版本的广告内容，并利用 Facebook 提供的各种广告工具，来获得更加清晰明确的消费者行为踪迹。

换句话说，在我们的客户花费数百万美元购买电视广告却对广告效果毫无把握之前，我们会在数字平台上测试我们的信息内容，以确保广告所传达的信息足够有效。显然，以这种方式来确定最优秀的创意内容，是一种更有逻辑和条理的方法，它能够帮助我们带来惊人的广告效果。同样的，这种方式也使我们赢得了与 TaxAct 合作的机会。

请记住，Facebook 是一个以关注为导向的平台，这是它和 YouTube 之间最大的技术差异。除了我们在前文中所提及的所有细节之外，该平台的性质还意味着你可以汇总其他用户的内容，而不必担心会因此带来负面影响。如果你在 YouTube 上进行此类操作，则基本上无异于盗窃了他人的视频并将其上传为自己的作品，这本质上是一种盗窃行为，不论是社区还是平台都将对你采取惩罚措施。而 Facebook 就大不相同了，人们会十分乐意分享他们的内容，当他们分享你的作品时，那些关注了他们的人也就从中获知了你的内容，你的内容成了他们所分享的故事的一部分。这就是 Facebook 平台上品牌推广效果如此之好的原因——实际上，你是在受众群体中创建品牌形象大使。

在 Facebook 上同样可以反向操作。你可以针对别人发布的内容进行点赞、分享或者评论等，当这些操作最终出现在你所关注的内容中时，它们便同样成了你的故事的一部分。这意味着你所关注的内容不仅仅是原始的内容，而且是汇总内容的一部分。这使你能够创建一个活跃度及与受众互动频率都非常高的主页。如此一来，由于你似乎与受众的互动非常良好，所以当你发布自己的品牌推广内容时，算法也就自然偏向于优先推广你的内容。你可以主动创造并控制这种良性循环，了解这些算法的本质，也将能够在算法发生变化时或多或少地减轻你的焦虑。

2018 年，Facebook 曾以限制每个用户发帖数量的方式，收紧了漏斗式营销所覆盖的受众范围。人们发帖所获得的自然浏览量都下降了。在此之前，BuzzFeed 所发布的全部内容可能覆盖 40% 的受众，如今下降到了 25%，这几乎使他们的受众覆盖面缩小至一半。

但是对于了解 Facebook 的品牌来说，这些算法的变化并不重要。因为无论算法如何变化，Facebook 上最优质的内容都保持着稳定的高水准。因为，平台背后所遵循的原则始终是相同的。虽然从整体上来看，算法的变化使得平台的局限性加强了，但是最优质的内容依然能够获得优于其他内容的成绩。Facebook 始终都是针对现有状况按照正态分布的原则来评定内容的优劣，因此只要你着眼于全局，始终保持超过竞争者的水平，你就能在平台上获得优异的表现。

除此之外，在针对社交媒体平台创建内容时，还有许多小而重要的细节需要考虑。以下是最为重要的几点细节。

片头

想要在 Facebook 上获得成功，制作吸引人的内容自然是必不可少的，而视频的片头往往是制胜的关键。

请你再试想一下城市广场，想象一下自己正在广场上漫步，试图挑一家商店进去逛逛。此时，你选择商店的依据是什么呢？如果你想要买鞋，那么你不大可能走进一家面包店，但是如果这家面包店橱窗里的糕点看起来非常美味呢？又或者这家面包店外有一位友好的店员正在向路人分发试吃品，来勾起你的食欲，你又会如何？或许停留片刻，进店喝点饮料、吃点点心，也不碍事儿？说不定这能使你更加精力充沛地投入购买鞋子的任务之中呢！

视频片头的前 3 秒、前 5 秒乃至前 7 秒，就相当于在商店外大声招徕顾客的店员。当人们滚动屏幕浏览平台每天新推送的内容时，吸引人的片头将成为他们停下来观看的理由。试想一下，如果你在刷手机时，看到一些视频以黑板白字或是平淡无奇的风景照为片头，并配有无聊的背景音乐，你会想要点开看吗？大概率不会。事实上，很可能你永远都不会想知道那些视频讲述的是什么。但是，如果某则视频起了一个引人注目的标题，片头又有绝佳的视觉效果，那么你极有可能立刻受之吸引，并进一步点击视频进行观看。

声音

对于视频而言，声音以及无声时的视频效果是至关重要的。有 85% 的 Facebook 用户会在静音的状态下浏览每日推送，这个数据是相当惊人的。人们可能在上班时、在公共汽车上、在会议中或者在厕所里查看相关内容，无论是属于何种状况，总之，人们在静音状态下观看你的视频的概率非常高。这意味着你必须确保自己的视频在静音的状态下同样令人愉悦并且清晰简洁。因此，绝对吸引人的配文是必不可少的。这意味着你的视频不仅要有字幕，而且还要有大量的文字来帮助人们理解视频内容。我们公司制作的视频通常都会配有两种字幕，也就是说，我们不仅不会依赖 Facebook 自动添加字幕的功能，还会尽量确保我们的字幕不会被关闭。

当然，你同样要确保视频的声音效果令人愉悦，以免观众在浏览视频时没有设置静音。我们通常会尽全力使受众在视频上获得最佳的声音体验，因为刻意打开你的视频声音的观众，通常都是与你的视频产生极大共鸣的人。你需要让这些观众获得与其他人同样优质的体验，甚至更好的体验。

手机

制作视频时，还需要切记一件最重要的事情，即有 90% 的 Facebook 用户是每天通过移动设备来访问该平台的。在你考虑如何为这些观众制作视频内容时，这一点至关重要。为确保我们制作的内容在移动设备上也能获得较好的播放效果，我们通常会采取 3 个步骤：

垂直

如今，视频的标准宽高比与现代电视机的标准宽高比相同，均为 16∶9。垂直就意味着将视频进行横向翻转，使视频图像的高度超过宽度，从而获得 9:16 的宽高比。虽然对于许多平台来说，9:16 的宽高比都能获得很好的播放效果，Facebook 也确实建议人们采用该比例，但在超级分享力公司中，我们开发了一种自己专用的宽高比格式，我们称之为“超级分享力独家垂直视频格式”。我们研究了 Facebook 的界面，在优先考虑与人们开展互动的基础上，设计出了一个 1:1.25 的宽高比，即视频图像的高度是宽度的 1.25 倍。该宽高比能够为表情反应、评论、分享等各种表示参与动作的图标留出足够空间，即使是在全屏模式下，用户也始终能够进行这些操作。总之，我们认为该宽高比是便于人们在手机上观看视频的最佳尺寸比例。

该宽高比不仅适用于全屏模式，在人们滚动屏幕浏览推送时也能取得很好的效果。它可以为用户带来更好的观看体验，使他们延长互动时间，从而产生更好的互动效果。同时，它还有助于屏蔽推送内容中的下一个帖子，最大限度地减少干扰。

在此，需要注意的是，我们通常仍会以传统的 16:9 格式来拍摄所有视频，因为我们不仅需要在 Facebook 上发布视频，还需要在 YouTube 和其他平台上发布视频。你不必为了适合在某个平台上发布，就直接以相应的格式来拍摄，只要在制作视频的过程中牢记这一点，以确保你所制作的格式涵盖了所有需要发布的平台所适合的宽高比。

此外，你还可以利用格式转换工具将宽高比为 16:9 的视频转换成为正方形格式或者“超级分享力独家垂直视频格式”。从本质上讲，这种转换格式的方式是将条形边框置于视频的顶部和底部，条形边框的格式可以自行设置，你可以选择简单的黑色，或是其他你喜欢的任何颜色或者图像。顶部的边框里可以放置足够吸引人的视频解说性文字，底部的边框里则显示视频的字幕。

选择动态海报帧

当你在 Facebook 页面上浏览到视频时，视频就会自动播放，这使得许多人认为在 Facebook 上海报帧无关紧要，但实际上这种想法并不准确。假如你是在电脑上浏览 Facebook 页面，那么页面将能够同时显示三个或三个以上的帖子，但这些视频中只有一个能够自动播放。而在移动设备上，人们可能会为了节约流量而选择“仅在 Wi-Fi 环境下自动播放视频”。这就意味着，你的海报帧必须足够吸引人，才能促使人们在没有自动播放的情况下点开视频。

配文优化

现在你已经知道必须使用配文来向那些在静音状态下观看视频的人传达信息，接下来你需要做的就是使配文尽量拥有更大的字体、风格更加大胆、信息更富刺激性，这样你的视频才能在小巧的移动屏幕上让人一目了然。这通常意味着你需要打破图案设计规则以更好地传达信息。如果你本质上是一名追求设计感的人，你就应该停下来仔细想一想：到底是配文的“设计感”更重要呢，还是配文能够吸引观众驻足阅读更加重要？我希望是后者。

还有一点十分关键的地方在于帖子文案优化。此处的文案指的是在发布视频时，为视频所撰写的文案。它能够告诉观众此视频的大致内容及其精彩之处。这段文案十分关键，因为观众通常会在点开视频观看前几帧的同时，阅读这段文案，而如果此时你没能及时吸引他们的关注、调动他们的热情，那么他们将很快滑动到下一个帖子。

请记住，发帖时的文案必须简短明了。我们发现，发帖时文案的最佳长度通常以 6 到 9 个字为宜。并且，请尽量避免在文案中使用链接，以免用户离开平台。我们经观察发现，如果用户点击链接跳转至其他页面，不仅会影响观看时间，还会对帖子的自然覆盖率产生负面影响。如果你确实需要链接到其他页面上，不妨使用诸如“了解更多”之类的链接按钮。

在我们互联网城市中，坐落在 Facebook 城市广场附近的是艺术展览馆，即 Instagram。当你走进这间艺术展览馆，你可能会感觉到它散发着一种原始的、未经打磨的气息，但 Instagram 与一间优秀艺术展览馆之间的相似之处，却远比你想象的要多。

试想一下在卢浮宫或者大都会艺术博物馆中所展示的艺术珍品——并不是任何古老的艺术品都有资格入选为展品的。这些博物馆只展示最珍贵的艺术品，它们均是由策展人和博物馆委员会成员精心挑选的；偶尔也会展出一些特别的作品，这些则可能是由一些财力雄厚的赞助商特别安排的。

如果我们将 Instagram 视为数字世界的展览馆，也就不难理解为什么人们总是在 Instagram 平台上向别人展现出自己最好的一面了。人们不会在此平台上发帖表达自己的焦虑或者恐惧，那是属于 Facebook 城市广场上的话题。在 Instagram 上，人们通过精心制作和修饰的内容，以展现自己或者品牌最好的一面。

YouTube 是一间图书馆，人们在此探讨一些深层话题或者复杂的操作指南，例如如何制作一尊花园小矮人等，而 Instagram 上的内容则主要注重唤起人们的美感。你可能会在 YouTube 上通过观看一段视频来了解如何制作一个精美的巧克力蛋糕，该视频会向你展示所有必要的步骤；但是在 Instagram 上，没有任何指导步骤，仅有一张图片——有史以来最漂亮的巧克力蛋糕。

如果一张好的图片胜似千言，那么作为一个拥有着超过 300 亿张分享图片的平台，Instagram 相当于是一个集中了 30 万亿句话的地方。这无疑使 Instagram 成了视觉故事的胜地。该平台之所以如此强大，就在于它使个人和品牌都可以通过图像的方式来讲述自己的故事。它为受众提供了一个窗口，使他们能够通过其他人的眼睛来看世界、来观赏图片，从而使人们获得一种与他人之间建立起紧密联系的强烈感觉。

Instagram 最初是一款专注于推送照片的平台，后来又添加了视频分享功能，但该平台对视频的要求与其他平台有所区别。与 YouTube 和 Facebook 不同，Instagram 的视频时长上限为 60 秒。因为 Instagram 本质上主要是一款视觉媒体，它真正的优势在于视觉质量上，所以体验性内容或有一定深度的内容在 Instagram 上难以获得较好的效果。但是，对于那些能唤醒人们情绪或者色彩鲜明的图片而言，在 Instagram 上获得的效果要好于 Facebook。

2012 年，Facebook 收购了 Instagram。Facebook 与 Instagram 的结合，意味着这两个平台能够以同样的方式针对目标受众群体进行定位。但由于它们的用户界面不同，使得两者的定位方式出现了一些根本上的区别。Facebook 像是一个百花齐放的繁荣市场，Instagram 则更像是一个利基平台。

在 Facebook 上，喜欢某类内容的受众在该平台上还会发现其他感兴趣的事物，因为该平台上的内容范围极为广泛，不仅包括朋友家人之间的新鲜事，还有各种帖子、购物频道等，更不用说各种各样的广告了。换句话说，Facebook 上的信息流是极其广泛的。但是，在 Instagram 上，窗口要窄得多。那些喜欢深奥笑话的人通常只会持续关注深奥笑话，而喜欢猫的图片的人通常也只会持续关注猫的图片。对于一个与自己的兴趣毫无关系的话题，没有人会愿意为此停下来阅读一篇文章或者观看一则长视频。换句话说，他们来艺术展览馆就是为了观赏一些艺术作品，而对其他任何东西，他们都没有什么兴趣。

随着 Instagram 受欢迎程度越来越高，该平台的功能也逐渐得到了扩展，并直接与其他平台展开了竞争。例如，“Instagram 故事”就是与色拉布的直接竞争，因为两者拥有相同的内容形式。对于品牌来说，Instagram 已经成为一个能够用于营销推广的平台，因为它不仅允许了更长视频的存在，品牌甚至能够在该平台上开网店。如今，为了提高品牌帖子的转化率，Instagram 商店允许品牌在该平台上显示产品的价格。

Instagram 还开启了品牌与消费者之间的双向对话。该平台将“贴纸”工具整合到“Instagram 故事”中，使得消费者能够直接与品牌展开互动，从而使粉丝对品牌以及品牌所提供的各种选择更加感兴趣。

想要在 Instagram 上获得成功，你就必须整理清楚你的信息。你需要以清晰、简洁和令人在视觉上产生愉悦感的方式来讲述你的故事。任何具有美感的帖子都会吸引人们参与进来，就像艺术展览馆里一幅美丽的画作一样。在 Instagram 上，你需要使你的图像获得人们的赏识，如果你做到了这一点，那么他们可能会采取下一步行动并对其发表评论等。如果你的图像能够触发人们的情感反应，或者与观看者产生了一种真正的联系，那么他们很可能会进一步挖掘你所发布的其他内容。

随着 Instagram 的不断发展，该平台通过 Instagram 故事中的“向上滑动”的功能、允许用户自由发表评论等，使用户从简单的欣赏者转变为实际的参与者。在过去，该平台提供的更多是浅层的互动；而现在，该平台的种种变化使之从简单的艺术展览平台变成了更具细节性的故事讲述平台。

当然，所有这一切都需要建立在一个核心前提条件下——吸引人们保持足够长时间的关注、让他们表达对你的欣赏，这一切都是从最初的视觉吸引力开始的。如果有人关注某个账户或某个品牌，但该账号所发布的内容突然不再具有视觉上的吸引力了，那么这些关注者很可能会取消关注该账户，并且永远不会深挖该账号或者品牌想要告诉他们的完整故事。

请记住这一点：在 Instagram 上获得受众的关注是极其困难且耗时巨长的，因此，你应该将重点放在寻找潜在受众群体认为有价值且非常具体的声音和风格上。换句话说，人们之所以会关注 Instagram 上的某些账户，是为了寻找非常具体的价值主张。而这种具体的价值主张范围就很广泛了，几乎包罗万象。请记住，一旦你确定了具体的价值主张，任何与之出现差异的声音都将很难为受众所接受。在与足球巨星罗纳尔多合作时，我就已经亲身经历过这种极端情况。

尽管我认为 Instagram 是未来十年内最佳的营销平台之一，但我并不认为它适合我个人品牌的推广，因此，我很少在该平台上发布帖子。在我们公司与罗纳尔多合作之初，罗纳尔多就在 Instagram 上关注了我。他手指轻轻一点，就使我突然拥有了大量的粉丝——他们都将我视为罗纳尔多社交圈里的人。当时，罗纳尔多在 Instagram 上拥有超过 1.4 亿的粉丝，比世界上任何人都多。而当他关注我时，我的手机简直要被大量粉丝的涌入给挤爆了，直到今天，依然会有人因他而关注我。

突然之间，我有了成千上万的新粉丝。但是所有这些新粉丝都是带着他们自己的目的和期望来关注我的。因此，当我发布几张罗纳尔多的照片或者我自己与他社交圈内人士的合影时，我会得到大量粉丝的参与互动。但随后，当我发布几张我孩子钓鱼的照片呢？一片沉默。当我发布几张我自己在商务会议上的照片呢？鸦雀无声。当我又发布几张我和罗纳尔多经纪人的合影呢？成千上万的秒赞。

从这些经验里我们不难发现，Instagram 是一个善变的野兽。如果你能够持续向受众提供他们感兴趣的事物，与他们保持互动，你就能获得非常好的效果。但是，如果你突然偏离方向并开始发布一些他们毫无兴趣的帖子，他们就会成群结队地取关你。

了解 Instagram 的运作理念至关重要。为此，我将为大家介绍几个相当有用的战术方法。

粉丝

对于 Instagram 来说，你首先需要知道的一点是，在 Instagram 上发展出大量粉丝是一项高难度、高技巧性的行为。你既要发布足够多的信息来吸引受众的注意力，又不能发布过多的内容，以免他们认为你的帖子过于频繁并因此决定屏蔽你。一般来说，我们认为每天的发帖量最好不要超过一则，除非你的确有特别的事情想要展示。同时，保持一定的发帖频率，一个健康的渠道，平均发帖量应维持在每周两到三次。当然，你也可以选择稍微超过该频率，但是不管你选择了哪个发帖频率，都请做好维持的准备，因为突然降低发帖频率的账号会大量掉粉。

标签

标签对于 Instagram 平台而言至关重要。标签不仅能够用于帮助发帖者对其内容进行分类、在品牌宣传时进行定位，同时还能够使用户不断探索新的内容。每个主题标签下都会有一个不断更新的“热门帖子”集合，当用户单击某主题标签时，显示在最上方的就是这些热门帖子，通常这将使发帖者收获更多的粉丝和互动。

Instagram 的故事

Instagram 的故事对于色拉布来说，无疑是当头一棒，因为两者的帖子都只存在 24 个小时，然后消失——这与 YouTube 图书馆完全相反。也就是说，这种模式使得它们就像是快闪艺术展，如果你在城市里游览时错过了这些展出，那就太遗憾了，因为它们是一次性的展出，今天展出，明天消失，永远也不会重复第二次。

就像现实生活中单独发生于某个地点的快闪体验一样，Instagram 的故事通常既不会出现在你的个人主页上，也不会出现在 Instagram 主要推送中，它们只显示在 Instagram 的页面顶部的一块条形区域里。只要拥有 Instagram 账号，就可以进行故事分享，因此你会在这里看到各种各样的故事，不论是你最好朋友的生日聚会，还是你最喜欢的明星的电影首映会。当有人发布新故事时，他们的头像将被一圈彩色圆环照亮，以此来吸引你的注意力，使你几乎出于本能地想要点开一探究竟。

对营销人员而言，这种设置妙极了。起初，这种设置或许会令人觉得，我们辛辛苦苦制作的内容居然只能存在 24 个小时，之后就完全消失了，这简直就是白费力气。但是，恰恰是这种设置所具有的即时性，给 Instagram 带来了巨大的流量，使之拥有了在 Instagram 艺术展览馆内创造出与 Facebook 类似的繁荣市场的机会。

顺便提一下，Facebook 当然也推出了 Facebook 故事功能，两者在本质上几乎是完全相同的事物，只不过 Facebook 故事是以城市广场为背景环境的。但我们都心知肚明，以艺术展览馆为背景环境的艺术展品当然拥有更高的信誉，因此，我认为 Facebook 故事的受欢迎程度将远不及 Instagram 故事。

当用户点击某人的故事之后，该故事将以全屏显示。这就意味着你在制作内容的时候，必须考虑到以宽高比为 9∶16 的垂直格式发布到该平台。此外，Instagram 故事的所有发布内容按时间的先后顺序进行排列，用户可以在故事中来回拖动，一旦他们对你的内容感到厌烦，他们就会立刻滑动去观看另一个人的故事。

与常规的帖子不同，Instagram 故事既没有点赞也没有公开评论，很难从受众那里获取反馈。这就导致了虽然 Instagram 故事的即时性很强，但受众的参与积极性不高，从而也就缩短了他们的有效关注时长。此处的诀窍在于使你的内容保持简短而有趣。我们发现，通常来说时长低于 60 秒是最理想的，你不妨多尝试几次，看看何种时长更能够引起观众的共鸣。

最后，我们来认识一下同样重要的城市建筑——邮局。每个大大小小的城市都需要一个用于传送邮件、包裹和各种商品的运输系统。在我们的互联网城市中，有许多平台都提供了类似的服务，而且每个平台的此类服务都有着各自的风格和特征，都是作为平台的附加功能而存在的。我们可以将直接消息传递服务视为平台核心功能的附加项。

为了实现该功能，色拉布、Twitter、WhatsApp 和 Facebook Messenger 等都成了直接消息传递生态系统的一部分。虽然媒体平台各有不同，但大家的目标都是相同的：在人与人之间实现直接的消息传递。这种消息的传递可能发生于个体之间，也可能发生于特定群组之间。消息的形式可能是文本、照片、视频、动态图片、模因或者任何其他类型的媒体文件，甚至可以是老式的附件形式。

各个平台之间的最大区别在于具体用途。对于这些消息传递系统，你需要区别对待，就像你以不同的方式看待邮局和快递公司一样。比如，在寄件的时候，如果是十分重要但不太紧急的物件，你通常可能选择陆路快递；如果是明天早上就需要抵达的急件，你可能会选择航空快递；而如果是普通寄件，你大概只会在包裹上贴好邮票，放到邮箱里，等着邮递员来取件。

在本章中，我们已经深入探讨了 YouTube、Facebook 和 Instagram 三大平台。我之所以强调这三个平台，是因为我认为这是品牌和个人打造影响力以及冲破噪声脱颖而出的最佳平台。同时，我认为直接消息传递平台并非打造品牌知名度的最佳选择。当然，此类平台能够在特定方面发挥巨大的作用，但是根据我的经验来看，它们往往更适合于拥有大量资源、大量工作人员和大型 AI 计算能力的大型公司，这些公司有时会利用此类平台将消息传递给客户。

通过直接消息传递也很难扩大品牌的受欢迎程度并建立忠实的粉丝群。品牌营销的核心理念是围绕一对一或一对多的消息传递而建立起受众对品牌的认可，这种模式实际上与大众传播有着很大的区别。这并不是说大众传播无法做到这一点，但是，在熟练掌握在上述三大平台上开展品牌推广之前，我并不建议大家尝试此类直接消息传递平台。我坚信，在 YouTube、Facebook 和 Instagram 上所花费的时间和金钱将带来更好的回报，因此，在此我将不再继续深入探讨直接消息传递平台。

话虽如此，我还想在此提一下 Twitter。尽管该平台并不是打造受欢迎内容的理想之选，但它是一个非常实用的实时互动平台，你可以在此关注互联网的实时动态。同时，它还类似于一条双向路，是一个直接展示此时此地现状的平台。对于一些特定行业的小品牌而言，这种特征使该平台成为品牌在进行市场定位以及与受众建立一对一关系时的有效场所。

一些品牌将 Twitter 用于客户服务、与客户开展直接对话，或者通过 Twitter 与遇到问题的客户进行沟通。例如，如果有人因航班延误而在停机坪区域停留数小时，他们就会在 Twitter 上发布此消息，从而使航空公司为此做出赔偿或对延误做出解释。

那些善于使用 Twitter 的品牌，通常采用最具平台特征的短语和短句子与客户展开沟通，而从不使用长句子。温迪快餐连锁店在该平台的表现尤为出色。该品牌利用 Twitter 改变了他们与客户交谈的方式。在 Twitter 上，他们不再是一个被动的品牌形象，而是采用了一种前卫的、稍带不逊的声音来与那些爱开玩笑、爱找乐子的客户们交流。下面是该品牌一个经典的沟通案例。

客户："嘿，温迪，我的朋友想去麦当劳。我应该怎么回复他？"

温迪："你应该去找新朋友。"

这就是 Twitter 上的经典沟通方式。

还有其他一些小型但重要的平台，我们尚未将之广泛用于品牌推广。例如，LinkedIn 并不是一个适合开展内容推广的平台，但它可能有别的用处。LinkedIn 的目的非常明确具体，用户可以利用该平台来向各个公司推销自己、发展职业、建立关系并扩大人脉。相较公司而言，LinkedIn 对个人具有更大的价值。虽然该平台也可以用于针对特定群体和目标公司做广告，但大多数人都将其用于人脉和职业发展。

还有亚马逊，一个专门用来向人们出售商品的平台。亚马逊是世界上最大的终端用户平台，如果你涉足零售行业，那么该平台对你至关重要。但是，亚马逊与我们上述所有平台又有着很大的区别，因为从根本上来讲，除了提供对产品的简要说明和产品照片之外，你无须为它创建任何内容。在其他平台上与客户建立了良好的关系之后，如果你想要进一步向他们出售商品，你可以让他们上亚马逊购买。

还有 Reddit。人们将其称为"无法破解"的平台，但 Reddit 如今也逐步变得更加开放，并且对于品牌也更加友好，因此，我相信在不久的将来，它肯定会成为一个值得关注的有趣平台。我在前面已经说过，我们公司就曾通过约翰·塞纳所拍的广告，成功在此平台上推广了无线板球。

除此之外，还有许多其他的平台，有些旧的平台会倒闭或者合并，新的平台也会不断涌现。互联网是一个大城市，各种各样的服务都有其存在的空间。根据个体或品牌本身及其所经营的业务类型，某些平台将会比另外一些平台更具价值，但是，无论你选择何种平台，归根结底都围绕着一个基本的主题：你的信息内容以及你与客户之间的关系。

你必须找到品牌的超级分享力所在，只有这样，才能在任何平台上引起人们的关注。

打造爆款视频的策略
BREAK THROUGH THE NOISE

社交媒体的 3 大原则

- 原则 1，构建社交网络的初衷是为了用户。
- 原则 2，每个平台都是独一无二的。
- 原则 3，因地制宜，拒绝一概而论。

BREAK Through the NOISE

● REC

第 9 章

法则 9，在投放内容之前必须进行测试

3 级测试

BREAK THROUGH THE NOISE

测试是营销推广中的关键步骤，

可是人们常常忽略它。

正确开展此步骤，

你不仅能提升广告投放效率，

还能确保你的内容

打动人心。

现在是时候让你的内容大放光彩了。你已经了解了分享力背后的科学，聚焦于提供价值，找到了自己独特的声音，并且撰写出极具吸引力的标题。在了解互联网的最新动态之后，你做出了顺势弄潮或者逆向而行的决定。你已经参观完整个互联网城市，仔细研究了各个平台，并最终确定了适合你的平台。

在投入了大量的时间成本和必要的资金成本后，最后却只收获一次失败的营销推广活动，这当然是令人无法接受的。这就像一家航空公司，建造了豪华无比的休息室，向旅客提供奢华的登机服务，但却忘了培训他们的飞行员——这将是一件多么可怕的事情，最终必定会以大型坠机收场。

总之，你已经做足了功课，拥有了坚实的基础，接下来是时候开展最为关键的步骤了。为了防止你的内容和谚语中那颗“倒在深林里，无人闻其声”的树遭遇一样的下场，你需要在投放之前进行测试。测试是营销推广中的关键步骤，但人们常常忽略它，或者以一种错误的方式完成它。正确开展此步骤，你就能够在正式投放之前试验并优化你的内容。如果操作得当，不仅能提升广告投放效率，还确保你的内容能打动人心。

本章将详细介绍测试的细节，但是在开始深入探讨测试的要点之前，我们不妨后退一步，先谈谈你的产品包装。如同其他任何产品一样，优秀的内容需配上精美的包装。我想你不会用硬纸盒和旧袜子来包装一把豪华的牛排餐刀吧，你在社交媒体上投放的内容也是同样的道理。

接下来，我将对 3 个相互关联的原则进行概述，在你将内容包装好并做好测试的准备之前，你需要理解这 3 个原则。

测试的 3 个原则

原则 1，拍一部无声电影

根据 Digiday 的调研显示，Facebook 上的视频有 85% 是在静音的状态下观看的，85%！乍听上去，这是一个令人难以置信的数字。有人认为该数据在 50% 左右较为合理，但我对此深表怀疑，因为如果仔细思考一番，你会发现，85% 这个数字其实是很符合实际情况的。大多数人都是用手机来观看社交媒体上的视频，并且通常都是在有其他人在场的情况下或者公共场合。因此，大家都会选择静音。当你下次登录 Facebook 浏览动态更新时，不妨注意一下自己是否也有这种习惯。我敢打赌，你多半会选择静音。

这意味着，要想吸引人们观看你的视频，你实际上需要制作一部足够有吸引力的无声电影。没错，我们又回到了电影诞生之初——视觉内容决定一切。这个概念对于你在进行内容包装时至关重要，你必须依此来决定视频中所有元素的优先等级。

这是一个非常有意思的概念。虽然在过去 100 年中，技术突飞猛进，我们观看内容以及与内容互动的习惯也发生了翻天覆地的变化，但事物的本质却依然保持不变。如今在互联网上，我们基本上回到了起点状态，即 20 世纪早期的默片时代，当时放映机能够展示活动的影像，但没有人知道应该如何同步添加声音。纵然在影院会有钢琴师为观众提供现场伴奏，但影片中的对话大多是通过文本卡片的形式来传达的，而这正是我们当今在社交媒体上向观众传达信息的方式。也许我们会像在 20 世纪 20 年代后期创造出“有声电影”那样，制造出一场现代视频内容的音频革命，也未可知。又或许未来几年之内，会出现植入式听觉设备或者振动发声式智能眼镜，它们将打破我们的生物学限制，而 Instagram 也将能够由此推出自己的“有声视频”。

关于电影的历史，在此我就不再赘述了，关键在于，我们要准确把握这对于内容制作意味着什么。这意味着要真正理解本书第 5 章的内容，撰写出足够劲爆的标题，这样才能够吸引人们的观看；意味着需要以极具吸引力的图像来作为视频的开场白，使观众能够清晰明确地理解你的视频所讲述的内容，无须依赖声音或旁白；意味着我们需要在一开始就“献出山羊”，尽早向观众提供最精彩的部分，只有这样，才能够吸引他们，使自己拥有更多留住观众的机会。在下文中，我将对以上注意事项作进一步的探讨。

当你在测试视频效果时，要始终记得在静音情况下观看，并体会视频给你带来的感受，观察它是否清晰地传达了信息，是否具有足够的吸引力。当你对视频的效果感到满意之后，再邀请尚未观看过的朋友、家人或同事进行静音观看，然后请他们说出他们认为视频所表达的意思。视频给他们造成的第一印象或许会让你大吃一惊，但他们的看法将能够帮助你更好地阐明你想要表达的信息。你不妨询问他们，视频的开片对他们是否有足够的吸引力，能否让他们想要继续观看视频的剩余部分？抑或他们对视频的开头毫无兴趣，如果他们在浏览更新时出现了该视频，他们会选择视而不见？

这个过程中，最困难然而又最重要的部分，在于全盘接受并认真思考他们给出的回答。你需要坚信一个适用于所有平台的理念，即消费者的直觉反应永远排在第一位。接着，你需要根据这些反馈信息来不断调整内容的呈现方式，直到该视频获得一致的正面评价为止。

请记住，大多数人不会像你自己那样关注你的内容。人们可能随随便便就将你的帖子刷过去了，哪怕你的帖子碰巧引起了他们的注意，他们可能停下来观看了你的视频，但也永远都不会将之视如珍宝。因此，你也应该做好将之“视如草芥”的准备，正如每当电影制片人在纠结一些观众可能毫不关心的细节之处时，他们所得到的忠告。你在该视频上花了很多工夫、费了很多心血，并不意味着它对于大多数人来说，就必然比他们喜欢的其他事物更具价值。事实上，人们对此的反应才是最具价值的。

总而言之，如果你的视频在静音的情况下，能像一部无声电影那样具有超强的吸引力，那么当人们打开声音使之成为“有声电影”时，效果将会更加出色。

原则 2，图文匹配

在制作一部无声电影时，文字和图像对于能否向观众传达清晰的信息而言，起着至关重要的作用。在超级分享力公司，我们已经熟练掌握了一种我们称之为“超级分享力社论体”的格式。对于通常能在社交媒体上取得良好效果的制作视频的格式和方式，我们公司进行了整理和细分，并且该细分体系处于不断发展的状态之中，我们将之称为“超级分享力母体”——它的深度和复杂性足以让人单独为之撰写一本书，而“超级分享力社论体”也正是其中的一部分。在此，我们只集中讨论“超级分享力社论体”，该格式本质上是用中立的第三人称来讲述故事。这听起来似乎很复杂，我们可以将其看成以新闻标题的方式讲述报纸上的新闻故事，只有在恰好播放相关新闻视频时，你才有机会听到知情人士或者当事人对该事件的直接描述。

这意味着，我们将通过新闻标题的风格、清晰易读的字体、极具吸引力的视觉图像，以文字和图片结合的形式来讲述故事。换句话说，对于那些在静音状态下浏览动态的受众，我们将使用易于理解的标题向他们讲述故事。

以中立的第三人称进行描述十分重要，因为它具有一种实事求是的新闻感。在采用此方法时，切记要做到诚实守信，这一点至关重要。受众对虚假信息十分敏感，因此我不建议你“捏造”新闻。话虽如此，但这并不代表你不可以采纳真实新闻报道中所使用的中立的观察性语调。以第三人称进行描述正是这种语调的关键组成部分，它能够使信息听起来更加真实。例如，在 Adobe 的广告中，与其说“我们想要如何”，不如说“ Adobe 想要如何”。这种表达方式能够使品牌与内容产生距离感，从而使视频中的参与者得以凸显出来，成为传达信息的主角，而品牌只是作为主角的后盾，为他们提供支持。这可比王婆卖瓜自卖自夸式地传递信息要可信得多。

这种方式当然不是独家专利。实际上，许多顶级数字出版商在不同程度上都采用了类似的社论风格，其中包括AJ +、Cheddar、BuzzFeed等，最近，Facebook 上的内容也越来越多地采用此风格。只要你深入观察各种社交平台，你很快就能够辨认出这种格式。我敢保证，你今天浏览的动态更新中肯定就有此类格式的信息。

由于各种媒体平台普遍使用这种格式，故此它已经产生了一些互联网上观看次数最多和分享次数最多的内容。在制作内容时，使用受众熟悉的格式和语言是非常关键的，我们不仅要选择与所制作的内容相匹配的平台或媒体，还要确保内容与文本质量同样能够匹配。很多人误以为，要做到这一点，就应使文本尽可能地新潮、鲜明、优美，但通常来说，情况恰恰相反。我们常常不得不向客户解释，为什么在某些平台上“丑陋”的文本才是更好的选择，以及为什么不建议他们采用光滑优美的细字体以及商业推广气息浓厚的图像。我们必须尽可能地避免让内容看起来像是品牌的商业广告，因为一旦观众感觉到该视频的目的是向他们推销产品，他们会立刻拒绝观看。

对于如何做到图文匹配，我们公司在 2018 年为 TubiTV 制作的《臭鱼挑战》（*Stinky Fish Challenge*）推广视频，就是一个佳例。TubiTV 是一个免费视频点播平台，该平台以广告费为资金来源，主要在线播放由米高梅电影公司（MGM）、派拉蒙影业公司（Paramount Pictures）以及狮门电影公司（Lionsgate Films）三家公司所制作的电影和电视节目。该平台打出“免费电视”的口号，希望能够通过向人们提供这一有价值的事物来吸引人们对其服务的关注。

在制作第一个视频时，我们设想了一个一定能够引起人们关注的极端挑战任务。在视频中，一位采访者在街头随机走到某位路人跟前，告诉他们，只要他们能够完成一个简单的任务——吃两口地球上最臭的鱼，他们就可以拥有一台免费的电视。视频中所提供的鱼是瑞典的罐头产品，据我所知，它闻起来像是已经在厕所里发酵了几个月的臭鲱鱼，尝起来更是令人作呕。

该视频开篇就是打开罐头的镜头，让人觉得倍感恶心的鱼肉一览无余，而视频顶部的醒目标题上写着：“臭味警告！这是世界上最臭的鱼！”然后，镜头切换到尝试吃鱼的人身上，他们脸上都露出了可怕的痛苦表情，甚至有一个男人抓起水桶，似乎忍不住要往里面呕吐……好吧，这则视频成功地吸引了我的注意！

看着人们打开罐头时的表情动作，你几乎能够闻到罐头鱼的品相和气味有多糟糕。这些镜头大约持续 8 秒钟的时间。视频成功吸引观众的注意力后，主持人就上场对挑战进行解说，整个视频就此不断向前推进。对于如何做到图文匹配，这是一个很好的例子。

在某些视频中，你可能无法拍摄出令人惊叹并为之侧目的视觉效果，例如像人们打开臭鱼罐头那样的视频。如何以时长更长、内容更为全面的视频来吸引观众观看下去，对于视频制作者而言是一个挑战。在这种情况下，你可以使用的一个秘密武器是模因框。实际上，我们公司在制作流程最开始的创意构想阶段，就会将模因框纳入考虑的范畴。例如，我们曾为一位客户开展营销推广活动时，制作了一则类似于短片电影的视频，我们知道对于宣传内容而言，视频是否具有电影级别的品质十分重要，这也使得创作极具吸引力的片头成为非常棘手的事情。最后，我们通过添加模因框解决了这个难题。我们将整个视频置于极具吸引力的配文之中，这样不仅能让观众开门见山地了解整个故事的来龙去脉，还使他们在情感上做好了接纳视频内容的准备。

像杰伊·谢蒂和 Prince Ea 这样的知名网络人士，均可谓是模因框的使用高手。如果你深入研究他们最成功的那些视频，你就会发现，其中很多都包含模因框，这些模因框为视频提供了清晰而引人注目的配文，说明了该视频的目标受众和值得一看的原因。例如，如果你浏览谢蒂发布的视频，就会发现那简直就是一个智慧宝库，这些视频中的种种建议，能为在现实中面临同样困境的人提供很大帮助。他所使用过的模因框标题包括《如果你刚刚分手，看看这个视频》《心怀感恩，将如何改变你的生活》，以及我个人最爱的一则——《如果你感到压力太大，看看这个视频》。这些标题均为受众提供了明确的价值主张，它们不仅容易理解，而且非常具体。如果观众正处于同样困境下，这些标题绝对会吸引他的注意力，使之想要点开一探究竟。你不妨向谢蒂学习，他绝对是这个领域的大师。你可以不断尝试，直到找到能够让人们产生共鸣的模因。

原则 3，抓住最为关键的片头 7 秒钟

正如我们在前文中所说，视频的片头至关重要。当人们在社交媒体上浏览各种动态更新时，他们几乎是在瞬间决定是否关注屏幕上的内容。如果内

容与他们相关或者令他们很感兴趣，他们就会停下浏览的步伐，进一步点开视频。但是如果视频没有立即吸引他们的注意，那么他们将很快往下浏览，几乎没有人会回过头来重看他们之前刷过去的内容。

在超级分享力公司里，我们花了大量的时间来深入研究片头 7 秒钟，几乎达到了痴迷的程度。在参与制作了数百个视频后，我们深知，视频的前 7 秒决定了一切。你的视频或许讲述了最令人惊叹的故事，有资格获奥斯卡奖，值得入选“病毒式视频名人堂”，但是，如果你在最初的 7 秒之内没有吸引观众，他们将永远不会观看你的视频。

我们经历了惨痛的教训，才清楚地认识到了这一点。在前文中，我谈到了我们制作的视频《云端滑雪》，该视频就做了很长时间的铺垫才进入真正云端滑雪的画面，此举使我们失去了数百万观众。

另一例惨痛的教训来自我们为板球无线制作的史诗般的音乐视频《节俭有方》。我们采用的理念非常简单——制作一则朗朗上口的搞笑音乐视频来赞美那些总能知道如何省钱的人。当时在互联网上，这个话题的热度也很高，关于节俭的模因和成功以省钱的方式达成交易的故事遍布网络，因此，为板球无线制作开展这次推广活动，无疑也为我们顺势弄潮提供了一个绝佳的机会。我们制作了一个史诗般的音乐视频，来称赞那些懂得节约的人，正中互联网用户的痛点。

这首歌十分具有吸引力，歌词是：“大袋零食促销货，为了免税跑出国。价格还是不够低，只好端出秘密武器——优惠券！世人皆知皆赞扬，你省钱有道、节俭有方！”整首歌的拍摄如同一则宏大的传统音乐视频，选取了很多个地方作为拍摄地点，视频中的伴舞者也非常优秀。当我们邀请板球无线观看此视频时，他们也给出了很好的反响，我当时认为这则视频将大获成功，将为我们公司又添一座奖杯。

但是我们犯了一个错误。

由于该视频是一则音乐视频，因此我们团队认为，需要设法使人们在视频开始时打开声音，这点非常重要。于是，我们重新制作了一个版本，该版本在视频开始时增加了倒数计时，我们试图以这种方式来告诉观众打开声音。8 秒钟之后，镜头切入杂货店外的静态画面，该画面又持续了 2 秒钟。而当我们的嘻哈歌手出现在屏幕上，并号召大家“我们来吧”时，已经过去了整整 10 秒钟的时间。此时，已经没有人还在看这则视频了。

当时这个项目的时间十分紧迫，因此我们来不及对其进行测试。正常的测试过程肯定会发现该视频的问题所在，但是由于没有时间进行这一步，我们只好自己来做判断，然而这次我们恰恰判断失误了。

该视频在前 10 秒无法给受众提供任何价值的情况下，直接投放在了社交媒体上。结果就是，几乎没有激起任何水花。迄今为止，我们为板球无线策划实施了 13 次营销推广活动，无论是从观看次数还是从参与度来看，《节俭有方》无疑都是表现最差的一次，而这完全是因为我们没有把握好视频的前 7 秒钟。

当然，我们也有将视频的前 7 秒钟处理得极为出色的例子，与英国喜剧演员西恩·沃尔什（Seann Walsh）合作的视频就是一个佳例。单口喜剧其实并不十分契合于社交媒体平台，因为无论是男人还是女人对着麦克风讲话，都无法造成吸引人的视觉效果，更不用说还有那么多人经常在静音状态下浏览动态更新了。在这种情况下，即使人们在此类视频上停留了 7 秒钟以上，他们也很难对视频的片头是否有趣作出判断。

当时，西恩正在想方设法让人们观看他的单口喜剧节目。他想出了一个绝妙的主意，决定将单口喜剧节目中口头描述的场景表演出来，使笑话变得更加有趣。简而言之，他打算将单口喜剧升级，将其变成带有视觉效果的舞台喜剧。他选择了一个与大多数人都较为相关的主题——技术（移动电话、社交媒体等）正在改变人类的友谊以及朋友之间的互动方式。该视频类似于一部带有旁白的短片电影，讲述了在互联网时代人们与朋友聚会时所面临的种种挑战。我们对西恩的视频进行了包装，将视频置于一个模因框中，视频的标题上写着："技术如何改变了你与朋友聚会的方式。"

配文简单、通俗易懂，并且与大多数人所面临的境况有较高的相关度。因此，该视频成功吸引了人们的注意，获得了极高的观看量，观众纷纷打开声音，开始观看他的单口喜剧。

测试的 3 个层级

现在，你已经了解了上述原理，是时候进行测试了。为了使本书更具操作性，我会将测试过程分为 3 个不同的层级。在我们公司测试内容时所持理念的基础上，我总结整理出了这 3 个层级，又考虑到大多数读者可能没有社交分析团队，因此我又将其进行简化，使之能够适用于大多数品牌和个人。第一个层级是免费的，只需要你投入一定的时间并具有足够的洞察力。而后两个层级的成本则各不相同，但是它们都能够为你提供宝贵的反馈，让你每一分钱都花得值。当你继续拓宽受众面时，这些级别所带来的自然覆盖率的提高以及媒体效率的增长，也将远远超过你在它们上面所投入的费用。

第一级，反向测试

我在这一层级所费笔墨最多，不仅因为整个操作是免费的，还因为对于没有广告代理公司的读者来说，它能提供最有效的帮助。第一级测试中最有意思的地方在于，该层级并不包含任何实际意义上的测试。我将其称为"反向测试”，是由于它涉及回顾制作视频的过程，并尽可能深入地学习过去发布的相关视频。换句话说，你需要对自己以及他人曾经发布过的视频进行深入研究，观察脱颖而出的视频都有哪些类型，而不是去猜测何种视频有可能在将来大放异彩（故名“反向”）。

第一级测试包含 3 个部分。

第一部分，反向测试

该部分涉及你个人或者你们公司之前在所有社交媒体平台上发布的全部内容，这些内容往往包含了最相关也最有用的信息。首先，要对已发布的所有帖子进行系统的审查和分类：先将它们按平台区分开来，如 YouTube、Instagram、Facebook 等；然后按照日期、帖子类型（视频、图片、第三方内容等）、发布时间、观看次数或显示次数、点赞量、评论次数或分享次数等进行再次分类。虽然具体细节可能因平台而异，但本质始终是相同的。

你还需要将订阅用户的增长纳入考虑范畴。假设从开建账号以来，你已经获得了一定粉丝量的增长，那么，由于如今你的粉丝量比以前多，所以你近期发帖所覆盖的受众自然也要比一年前多。如果你想展开进一步分析，那么你还需关注一下互动参与率。我强烈建议你这样做，在前文中我们已经讨论过这一点，对我们来说，这是衡量帖子表现的关键指标之一。

对于我们所制作的所有内容，我们都极其重视其互动参与率，因为它不仅是最出色的均衡器，还能够让我们将完全不同的内容进行比较。在此我们不妨回顾一下计算互动参与率的方法。互动参与率是指人们观看内容之后对其点赞、分享或者发表评论的人数占整个观看人数的百分比。计算互动参与率时，你只需将参加点赞、分享、评论等互动的所有人次加起来，然后用该数字除以总观看次数即可。

例如，如果内容的观看量为 10000，而互动次数为 100，那么互动参与率则为 100 / 10000 = 0.01。然后，你只需将小数点向右移动两位，就可以得出互动参与率的百分比，在上述情况下为 1%。

又如，如果内容的观看量为 300000，而互动次数为 1500，那么互动参与率则为 1500 / 300000 = 0.005，百分比为 0.5%。

我们发现，品牌营销的互动参与率整体都非常低，大多数品牌的互动参与率都在 0.1% 到 0.2% 之间；对于品牌来说，5% 的互动参与率几乎是不可能达到的成绩。我们在前文中也已经提过了，1% 是业界的黄金标准。

如果你是个人账号或者是一位网络名人，你所获得的互动参与率可能会远高于品牌的互动参与率，尤其在你的账号开设初期，更是如此。因为当你刚刚开设账号时，你的粉丝数量较少，而且大多数都来自你的家人或者朋友，他们的支持会使你获得较高的互动参与率。随着你的粉丝数量逐渐增多，继续保持较高的互动参与率则是一件比较困难的事情。杰伊・谢蒂的某些视频在收获数百万次观看量的同时还能获得超过 4% 乃至 5% 的互动参与率，这简直是所有媒体从业者的梦想。

现在你已经梳理清楚了数据，接下来你需要花大量时间，用敏锐的眼光仔细浏览所有条目，看看自己能够从中学到什么。比如，如果你发了一些个人照片，也许你会发现，你的家人喜欢与那些你在户外运动时拍摄的照片进行互动，而你的密友则更倾向于与你盛装打扮后在晚上出去疯玩的照片展开互动。如果你是品牌商的话，你可能会发现，任何与产品报价有关的帖子，互动参与率都非常低，但是当你发布关于公司参与社区服务的帖子时，互动参与率就要高得多。

这些发现能够带来诸多值得思考的问题，这些问题不仅能够给你提供信息，还能够为你在将来制定与内容相关的决策时给出指导。例如：何种类型的内容更容易取得良好的表现？哪种格式所获得的互动参与率最高？是视频、照片还是第三方内容？发布时间会影响互动参与率吗？是在早上、中午还是晚上发帖效果最好？星期几发帖效果最好？你最成功的帖子有什么共同之处吗？效果最差的帖子又有什么共同点？是否存在观看量较低但互动参与率却较高的帖子？或者反过来，观看量较高但互动参与率却较低？你个人或者品牌中，有哪些元素似乎与人们的生活息息相关？你是否需要回过头来调整之前你认为具有分享力的内容？等等。

你需要尽可能多地提出问题，并从各个角度研究你所梳理出来的数据。这听起来很简单，但奇怪的是，大多数人在思考如何才能使他们的内容引起人们共鸣的时候，并没有花时间去做这件事。记住，仅此一步，就可以使你在竞争中领先一步。

第二部分，竞争对手分析

论及竞争，第二部分所涉及的就是在你所从事的领域中，或者在你达成目标的过程中，你认为你拥有哪些竞争对手。例如，如果你要在护肤品领域建立自己的品牌，那么你需要对该领域的所有相关品牌都进行一次非正式的调研。方法之一就是，对于那些你想要学习的品牌，你可以研究它们的主要社交媒体账号。浏览它们的 YouTube、Instagram 和 Facebook 账号，从中找出 10 个表现最佳的帖子，然后将这些帖子的各种数据填入电子分析表格中，跟上述你用于分析你自己的内容的电子表格类似。

掌握了这些信息之后，你可以通过以下问题来尽可能多地从中学习，并找出其中蕴含的成功之道。例如：该行业领域从整体上而言内容的质量如何？哪个品牌发布的内容最为有效？哪个品牌发布的内容效果最差？在表现较好的品牌中，其内容是否具有一致的主题或声音？哪些主题引起了受众的共鸣？哪些主题得到的响应最少？是否存在始终都能获得优秀表现的形式？在特定平台上，视频的效果优于照片的效果吗？这些品牌发布内容的频率如何？是否有最佳发布时刻，例如一周中的某天、甚至一天中的某个时间段？你的竞争对手的互动参与率是多少？总体而言，这些品牌在哪方面做得比较好？在哪些方面又做得不够好？是否存在尚无人涉足的内容推广机会？等等。

如果你愿意花时间去完成上述步骤，它将为你提供宝贵的反馈意见，告诉你在你所涉及的特定行业领域中，机会在哪里以及受众更偏向于对何种内容做出反应。同时，它还能够帮你在竞争环境中对自己进行定位，从而在行业市场中也分一杯羹。

第三部分，大胆做梦

第三部分是关于你的梦想。这个部分涉及你渴望在未来能够做出哪些品牌或个体已经获得的骄人成绩，这些品牌或个体是你的数字偶像，他们是数字时代的开路先锋，已在社交平台的内容推广方面取得了巨大的成功。针对你所在的行业领域，选择你想要看齐的偶像或者你想要成为的模样，将是不可或缺的一步，如此一来你便可以开始制定达成目标的路线图。

与第二部分中对竞争对手的梳理类似，我建议你选择 5 到 10 个你认为在内容上做得非常成功的品牌或个体。他们不必全都属于你所处的行业领域，但应该多多少少发布过一些与你所在的行业有关的内容。而与第二部分的不同之处在于，你需要研究你的偶像。

首先，你需要花点时间仔细研究他们发布的所有内容。观察一下他们的早期帖子，从他们刚开始在社交媒体上发布内容开始。将这些早期的视频与他们现在发布的内容进行比较，看看有些什么变化。思考一下他们在成长过程中学到了什么，他们做出了何种调整？

在大多数情况下，相较如今发布的内容，早期内容显得缺乏针对性，并且表现也没有现在这么好。这是个好消息！你看，就连你的偶像也花了不少时间才找到自己最擅长的方向。

其次，再来观察分析一下他们表现最为出色的 10 则视频或帖子，以及互动参与率最低的 10 则视频或帖子。在这两组内容之间，你得出了什么令你惊讶的发现？对于那些表现最为出色的内容，你认为是什么原因使之大获成功？而对于那些表现差劲的内容，你认为是什么导致了它们的失败？

在你认为自己已经深入了解了他们的所有内容之后，不妨继续追问下列问题：是什么使这些品牌或个体与众不同？他们独特的声音是什么？如果让你用一句话来概括这种声音，你将如何描述？他们所发布的内容涵盖哪些主题？他们采取顺势弄潮的策略时，利用了哪些热点话题？他们为受众提供了何种价值？他们是否采取过逆向而行的策略？他们给人感觉如何，是非常接地气还是带有距离感？他们在哪些方面比同行业竞争者做得更好？他们还能做得更好吗？

回答完这些问题，你将距离你的目标更进一步。

第二级，内容测试

完成上述步骤之后，你就需要勇敢地迈入下一步——面对真实的受众来测试你的内容。

这听起来有些吓人。在对制作的内容感到完全满意之前就让其直面观众，这通常会让许多品牌感到非常紧张，但这是在社交媒体上取得成功的关键步骤。

由于控制我们社交媒体平台的算法极为繁杂且有着强大的计算能力，因此，尽早利用算法并直接在上面运行你所制作的内容，以此来检验内容的效果，是确保内容能够最终获得成功的重要环节。这一点至关重要，因为算法相当于是受众的人工智能守护者。简而言之，如果算法对你的内容毫无兴趣，那么很可能大部分受众将无法观看到此内容，或者最乐观的情况是，你为了使观众能够观看到此内容而付出一些额外的费用。例如，在 Facebook 算法中位列靠后的传统广告，单次付费浏览的价格大约是 6 美分至 8 美分。相较之下，对于具有分享力的内容，单次付费浏览的价格可能仅为 1 美分至 2 美分。差别不可谓不大！

为了解释这一步骤的重要性，我来向你分享一次我们公司经历的惨痛教训。那是我们在帮一款名为 FitTea 的能够缓解胃部不适的草药补品饮料开展宣传推广活动时的经历，当时有一部名为《人类清除计划》（*The Purge*）的大片即将上映，我们决定利用这个热点话题顺势推出我们的广告视频。利用该热点话题确实没错，因为事实证明，该电影后续产生了许多续集，整个系列在票房上都非常成功。我们当时制作了一个绝对爆款的内容，即一部《人类清除计划》的搞笑版预告片，并打算在感恩节的前几天发布。整个视频围绕“人们通常会在假期中过度饮食”这一概念而展开。在电影《人类清除计划》中，每年都有一天全民杀戮日，人们可以在当天的 24 小时内杀人，不用承担任何法律责任；而在我们的搞笑版预告片中，所有食物在 24 小时内都可以随意食用。在视频中，人们简直就像僵尸一样在街上四处漫游，寻找着火鸡大餐，他们闯入各种商店，像疯了一样将货架上的糖果洗劫一空。不仅如此，我们还想出了一个起到画龙点睛之笔的绝妙标题。我们直接模仿了《人类清除计划》的片名，将我们的假预告片称为《食物清除计划》（*The Binge*）。

一切都很完美。唯一的缺陷在于时间太紧了。我们不仅没有时间进行任何测试，并且由于这次任务下达得实在太晚了，以至于我们在原定视频发布时间的前几个小时才刚刚完成制作。我们甚至没有时间将视频投放到媒体平台上，看其能否通过……

悲催的是，它没能通过。广告拦截器认为该视频中包含令人不安的内容。事实上根本没有，视频中的“僵尸”只是一些大口吃着火鸡腿的人，但自动识别程序依然将其标记为禁止内容，并且拒绝以任何付费的形式展示给观众。我们之前曾为视频中的创意感到无比骄傲，而推出的时候却栽了个大跟头。由于被标记为禁止内容，视频被降至算法的底部，只在一个没有丝毫活跃度的页面上显示，获得的互动参与率以及受众吸引力都非常低。

我们最初的想法是，采用付费的形式使视频在刚开始获得一定的浏览量，接下来的事情就可以放手交给互联网了，我们相信这则视频一定能够变得流行起来。但是，正由于我们无法使视频在发布之初获得一定基础的浏览量，它也就永远没能成为爆款视频。这则视频最终获得了几十万的浏览量，比我们预想的数百万浏览量相差太多，而这一切都是因为我们没有时间进行测试。

如今，我们能够更好地处理此类时间很紧的任务了。只要情况允许，我们会在任何营销推广活动中花两到四个星期的时间进行测试。然后，再花时间针对该视频制作无数个版本，并将其作为“隐藏帖”进行投放，以了解对于特定受众来说哪个版本更容易引起共鸣。

此处，你需要理解很多概念。在此我将不再赘述如何在 Facebook 上投放付费广告，如果你不熟悉这个操作流程，网络上有无数相关文章可以带你了解。因此，让我们更进一步，从“隐藏帖”的概念开始探讨。隐藏帖指的是由你发布但不显示在你的页面上的内容。这是 Facebook 广告平台中的一种设置，具体来说，你所发的帖子能够以普通帖子的方式推送给真实的受众，显示在受众的动态更新中，受众也能够以正常方式与之互动，但它与普通帖子的区别在于，它不会显示在你的动态更新中。这意味着人们无法通过搜索或者在你的历史更新中进行查找的方式找到这篇帖子。即除了你所推送的目标人群之外，该帖子对其他人来说都是处于“隐藏”状态。

那么，你可以利用隐藏帖来做哪些测试呢？首先，你可以尝试几个不同版本的视频片头。你已经知道了视频片头的 7 秒钟决定了一切，那么你不妨针对不同版本的片头进行测试。这样一来，你就能获知，哪个开场图像最能引起人们的关注？哪个版本的开场白能够使更多人点击全屏观看？文字的颜色重要吗？文字与动画的结合方式会对效果产生影响吗？如果你将故事的结尾放在片头作为悬念，然后再播放广告正片，效果会如何？

你可以制作成千上万个不同的版本，关键是要找到能够对你讲述的故事真正产生影响的变量。每个视频都会有不同的关键变量，通常这些关键变量都存在于片头之中。

不仅如此，观察数据如何随时间发生变化也非常有趣。例如，当我们为 Adobe 设计制作“照片修复项目”来进行品牌推广时，我们观察到，虽然有一个版本的视频在测试中获得了最高的浏览量，但另外一则浏览量紧随其后的视频，实际上有更多的观众选择坚持看到了最后。由于后者将结尾处的消息传递给了更多的人，因此我们认为该视频的预期影响实际上会更大。在这种情况下，我们选择了后者。

了解你究竟在测试些什么也十分重要。整个测试过程听起来似乎是在测试创意反馈，观察人们对你的内容有何看法，虽然这种说法也是对的，但是，在通常情况下，你实际上是在测试算法的喜好。你得到的数据反馈可能是在表明，算法将愿意为更多人展示这一特定内容，或者愿意以更低的价格为该内容提供服务。这些都没什么问题，但最重要的是，你必须牢记如何使你的营销推广活动更为有效，始终铭记终极使命。人们的确很容易迷失在希望视频能够获得最高观看量的目标之中，但归根结底，这真的很重要吗？可能并非如此。

第三级，观众测试

现在你已经对内容进行了精打细磨，对算法也有了大致的了解，下一步就该专注于对受众的研究了。

这些社交媒体平台所拥有的受众细分工具异常复杂和精准。你不仅可以根据年龄、性别、种族和地理位置等基本信息来划分人群，甚至还可以根据他们是否喜欢 Alice Cooper、狗或自行车打气筒来进行划分。

为了更好地学习如何进行受众研究，我们公司开设了一个名为 Like It GRL 的频道，该频道专门针对青少年女生，目的在于练习如何有效地针对目标受众提供内容。我们花了几个月的时间来不断打磨内容的细节，有时候我们所针对的甚至不是不同的视频，而是同一则视频的不同配文版本，目的就在于研究清楚我们需要采用何种配文，才能获得最佳版本。我们从中学到了很多看似显而易见的道理，例如十几岁的女生们都非常喜欢表情符号，并且通常不愿意阅读太多的文字。通过研究，我们有了实际的数据来支持这一点，这使我们能够更加底气十足地在帖子中大量使用表情符号，并且确保文字描述不超过 3 到 5 个字。就这样，我们的观众量直线上升，费用也随之下降。

虽然在较大规模的营销推广活动中，我们执行此操作的方式千差万别，但其中的理念始终是一致的。我们会首先确定理想的目标受众。有时，客户会非常明确地告诉我们，由于公司有更宏观的目标，所以希望我们能够据此来针对具体人群进行广告制作和投放。例如，他们可能正在为一次返校季开展推广活动，但他们只想以沿海地区中产阶级家庭并且养育了两个或多个孩子的父母为目标受众。有的营销推广活动甚至更加具体，我们公司与Macerich公司的第一次合作就是这样。当时，他们要求我们将营销推广活动的重点放在纽约市布鲁克林区的King’s Plaza购物中心附近。我们按照要求，以该地理区域内的受众为目标投放了广告，获得了约100万次浏览量。

在测试内容时，你会观察到，不同的迭代版本会受到不同受众群体的青睐。这不仅能够使你认识到应该如何修改和完善内容，还能帮助你更精准地定位目标受众。有些受众群体可能与你所传达的信息内容并不具有高度相关性，但算法可能偏向于将内容传达给该受众群体，这同样会对你的广告成本产生巨大的影响。如果不进行测试的话，你根本没办法获知这些信息。

接下来我们探讨一下费用。在媒体平台上做内容测试其实并不需要花很多钱。你所花费的金额实际上仅意味着两件事：你可以进行多少次测试，以及内容将会抵达多少受众。

具体的测试方式是，你可以制作2到5个不同版本的内容。最多5个版本，因为如果超过5个版本，对所有版本进行分析就将变得非常复杂，而且其中包含的变量太多。你将这些不同版本的内容上传到你的广告账号中，选择你愿意为它们花费的金额，然后点击投放。你的花费可能是几美元、几百美元、几千美元甚至更多，但后续测试不会再出现任何费用。即使你预算较低，它也能够给你带来成千上万的受众，这绝对要比电视受众研究焦点小组的人数要多得多。

比较棘手的问题在于时间。每个迭代版本的内容至少需要两天才能观察到大致的效果。如果你需要测试10或20个不同版本的话，那就得持续相当长的一段时间。

在超级分享力公司中，我们会使用软件来完成上述所有工作。有时，我们能够在几周、甚至几天之内完成，但这并不意味着这些任务很轻松。事实上，除非你同样以订阅会员或购买软件的方式拥有类似软件的使用权，否则这将是一件非常费力耗时的工作。我希望你能够从我们的失败经验中学习，确保你有足够的时间来运行你能够想得到的所有测试。

付费媒体时代没有内容平等

在社交媒体平台上投放广告，没有内容平等之说。在电视上投放广告时，广告位是根据时段来定价的，例如某家公司可以选择在周四晚上投放广告并为此支付相应的费用。比如，塔可钟和福特可能都将以 80 万美元的费用来投放一则 30 秒的广告，而无论广告的内容如何，这些广告的曝光率都大致相同。但互联网则与之完全不同，由于在所有主要社交媒体平台都是以竞价的形式投放广告，这就意味着价格取决于平台将广告推送给受众的难易程度。并且由于社交媒体的针对性极强，因此你不需要花数百万美元的费用用于广告投放。实际上，你可以从花费几美元开始，看看最初能够获得什么样的效果，然后针对效果不错的广告投入更多的钱。针对特定目标受众来说，几千美元的广告就能够产生重大的影响。

在 Facebook 平台上，决定广告费用的最关键依据是“广告相关性评分”，然而有很多广告从业人员居然对平台上的这一功能不甚了解。Facebook 的算法会根据多种因素，对上传到平台的所有具有广告性质的内容进行相关性评分，分数由 1 分（最差）至 10 分（最佳）不等。最重要的是，算法会根据刚开始观看内容的受众贡献了多少互动参与率，来决定后续将其推送给多少其他受众。实际上，大多数商业广告几乎没有为受众提供任何价值，因此所获的互动参与率极低，从而导致相关性评分也低，基本都在 1 分至 4 分徘徊。稍微具有分享力的质量较高的内容，相关性评分基本介于 4 分至 6 分之间。而极具分享力的内容，相关性评分则能够达到 7 分至 10 分。当你以付费的形式投放广告时，此分数意味着一切。相关性评分较高的视频将会在算法中获得一个靠前的排名，这也意味着人们愿意观看此内容，故 Facebook 只会向你收取少量费用来将其推送给其他受众。相反，具有较低相关性评分的内容将会在算法中排名靠后，这使得 Facebook 很难将该内容推送给受众，因此向你收取的费用就会很高。

如果你的品牌推广视频能够获得较高的互动参与率，那么你就将获得较高的相关性评分，这意味着，算法会以较低的单次浏览量费用将视频推送给更大的受众群体。相反，如果你的视频互动参与率极低，那么它在算法中的排名将一路下滑，而你也必须支付更高额的费用才能将其推送给更多的受众。

举个例子，某家谷物公司投放一则关于麦麸片的广告，该广告主要描述了麦麸片中的纤维含量，十分乏味。分享力如此之低的广告自然会导致相当低的互动参与率，因此其相关性评分也极低，为 1 分或者 2 分。而极低的相关性评分意味着 Facebook 算法需要付出更多努力才能提高该广告的排名，因此相应的，Facebook 也就需要收取更高费用才能将其推送给更多受众。通常来说，相关性评分为 2 分的话，意味着你需要为单次浏览量支付 8 美分到 10 美分的费用。

与此形成鲜明对比的是，我们曾制作过一则爆款视频，该视频迅速获得了大量用户的观看、点赞和分享，并因此获得了 9 分的相关性评分。由于受众们主动观看和分享该视频，因此 Facebook 算法也更乐意将其推送给更广泛的受众，这就使算法实际上变成了我们的盟友；同时，Facebook 针对该视频所收取的费用也极低，单次浏览量的费用大概不到 1 美分。

对于那些正在将媒体预算从电视等传统媒体转移到社交和数字媒体的品牌而言，这种内容与算法之间相互作用的方式其实为品牌提供了巨大的机会。如果他们能够遵循本书中阐述的原则，他们就可以冲破噪声、吸引大量关注、在线与客户建立深厚的关系，并在此过程中节省数百万美元的广告费用。

3 级测试

- **原则 1，拍一部无声电影。**

  视觉内容决定一切。如果你的视频在静音的情况下能像一部无声电影一样具有超强的吸引力，那么当人们打开声音使之成为“有声电影”时，效果将会更加出色。

- **原则 2，图文匹配。**

  学会通过把握新闻标题的风格，使用清晰易读的字体、极具吸引力的视觉图像，以文字和图片结合的形式来讲述故事。

- **原则 3，抓住最为关键的片头 7 秒钟。**

  视频的片头至关重要，当人们在社交媒体上浏览各种动态更新时，几乎是在瞬间就决定了是否会继续关注屏幕上的内容。

保持创新，才能奔向未来

我希望你在本书中能够体会到阅读的乐趣，如同我在撰写本书时体会的乐趣一样。撰写本书为我提供了一个停下来的机会，使我得以回顾我的职业生涯，并深刻反思这些年来所发生的变化。在过去的 20 年中，科技的迅猛发展，不仅改变了人类交流的方式、改变了我们个体之间互动的方式，也彻底改变了我们与品牌以及不断涌现的明星、“网红”之间的互动方式。数字革命几乎破坏了各行各业原有的受众沟通模式，包括优步、奈飞、美元剃须俱乐部等各种品牌。此外，由于社交媒体空前的影响力，各种“网红”和明星也应运而生。自古乱世多机遇，这种变革往往孕育着巨大的机会。数字时代为人们提供了极为强大的工具，而拥抱这个强大工具的机会就摆在你的面前，你能够借此来打造一个价值远超乎你想象的品牌。

在工作中，我热衷于观察一切事物所发生的急速变化。

我和搭档尼克·里德常常开玩笑说，我们晚上真的不想离开办公室，因为每当第二天出现在办公室时，我们面对的情况就与前一天不同了。但当我们积极拥抱这种变化时，它将带来很多乐趣和收获。

回顾公司成立的最初 3 年时间里，我们拥有过很多充满创意的经历，但是我们从未涉足音乐领域。当我们被引荐给华纳兄弟唱片公司旗下一位新锐艺术家杜阿·利帕（Dua Lipa）的经纪团队时，一切都发生了改变。如今，你可能已经知道，杜阿在音乐方面极有才华。但是在 2017 年初，我们第一次接触她的时候，她的唱片公司仍在努力想办法帮她提升在美国市场的知名度。当时，她在欧洲很受欢迎，也与一些知名艺术家有过几次成功的合作，但她在美国却鲜为人知。

与此同时，我们也正在与凯悦酒店集团洽谈合作项目，凯悦酒店集团希望我们能够利用音乐媒体和社交媒体，为他们的全新酒店子品牌“凯悦甄选酒店”打造一种年轻时尚的品牌色彩。

两家客户一拍即合。当时，杜阿·利帕即将发布个人单曲《新规则》（*New Rules*），我们与她的经纪团队制定了合作策略，计划围绕这张单曲推出一系列具有分享力的内容。而凯悦酒店集团赞助了所有的推广活动，其中包括由知名英国导演亨利·斯科菲尔德（Henry Scholfield）为《新规则》所拍摄的音乐视频。我们公司还围绕这张单曲制作了一系列投放于社交媒体平台的内容，以杜阿·利帕的表演以及音乐视频的幕后拍摄花絮为主，其中还包括杜阿·利帕的两场现场表演。整个推广活动都得到了来自凯悦酒店集团的大量资金支持。

在拍摄该单曲的音乐视频时，我们将拍摄地点选在了迈阿密海滩凯悦甄选酒店，这是一家拥有 20 世纪 50 年代复古艺术装饰风格的休闲度假胜地。《新规则》的音乐视频讲述了一个故事：杜阿·利帕的闺蜜们正将她从一段糟糕的关系中解救出来，而她自己也试图忘掉她一无是处的男朋友，重新开始自己的生活。视频中，杜阿・利帕的闺蜜们边为她加油打气，边在酒店里唱歌跳舞，然后女孩儿们奔向户外，沐浴在佛罗里达灿烂的阳光之中，在酒店的露天游泳池里畅游，池边火烈鸟在嬉戏，女孩儿们也在相互打闹，新生活如此美好。

《新规则》的音乐视频上线之后，当即成为爆款视频，风头之盛，一时间无人能出其右，观看次数很快就突破了 10 亿。随着视频的脱颖而出，杜阿・利帕也一举飞跃成为超级巨星。自英国第一位获得热门单曲榜冠军的女艺人阿黛尔以来，杜阿・利帕成为第二位获此殊荣的女艺人，并且她最终在美国同样获得了热门单曲榜的冠军。她的歌曲在音乐流媒体播放平台 Spotify 上的播放量（音乐行业的新基准）增长了 800% 以上。从那以后，她的受欢迎程度不断攀升，并且她的歌曲在传统电台上同样极受欢迎。

对于凯悦酒店集团而言，此次宣传成为该公司在社交媒体上有史以来最成功的宣传活动，在品牌的官方账号上吸引了超过 5000 万次的观看量，由此带来巨大的影响力，并为凯悦甄选酒店品牌打造了一个超酷的形象。

对于我们来说，目睹一个不知名的艺术家能以如此快的速度攀登到音乐事业的顶峰，是一件非常鼓舞人心的事情。此次经历提醒了我们，在如今的数字世界中，品牌同样能够迅速地打造出知名度。自此以后，超级分享力公司的业务重点不仅在于帮助现有品牌实现数字化转型上，同样在于利用数字媒体的力量来帮助不知名的品牌打造出极高的知名度。

一个极佳的例子就是如今我们正在帮其起步的品牌——SAGE。SAGE 是记者杰西卡・耶林（Jessica Yellin）创建的品牌，你或许能够认出这个名字，没错，她正是 CNN 的前高级通讯员。耶林于 2007 年以政治记者的身份加入 CNN，彼时正处于 2008 年美国总统大选前夕。当时，大家一致认为，下一届美国总统将在民主党候选人希拉里·克林顿和共和党候选人约翰·麦凯恩之间诞生，因此，关于两位候选人的相关报道均由 CNN 的高级政治通讯员来接手。由于当时耶林刚加入 CNN 不久，资历尚浅，而且是个女人，所以她被调去负责另一个区域的报道。CNN 将她派往中西部去采访一位来自伊利诺伊州的知名度相对较低的参议员——巴拉克·奥巴马。

当奥巴马的知名度越来越高时，耶林的知名度也随之水涨船高。她一直坚持做关于奥巴马的报道，直到他登上总统之位，而耶林最终也成了 CNN 首席白宫通讯员。

尽管耶林在事业上如此成功，但她并不快乐。她深谙新闻行业的运作模式，在这个领域也处于顶尖的位置，可她并不喜欢这个行业。她常提起上司向她传达的指示，例如“使新闻报道的风格更接近于美国华纳媒体旗下的知名在线体育频道 ESPN”，因为 ESPN 评论员经常会参与到“精彩而激烈的辩论”之中，或者更准确地说，是在无关紧要的话题上争辩不休。他们会说“新闻是关于冲突的”，或者“言辞激烈才能赢得观众”。

每当白宫有重要事情发生时，如一项或将影响数以百万计美国人的新政策即将出台，耶林都会通过一篇富有道理、思虑周全的文章将事情的本末介绍给读者，使人们能够以冷静客观的方式将其理解透彻。然而，她却一次又一次地被告知，她的文章不够“生动”、过于“无聊”，上司会让她集中精力报道白宫对“奥巴马出生证明造假丑闻”的反应或者白宫圣诞树摆放的位置。

新闻业变得日趋商品化，因此对于轰动效应的追求可以说是席卷了整个新闻业，而不仅仅是渗透。即便是 CNN，这家曾经被人们视为严肃新闻和突发新闻的捍卫者，也变得只会提供一些哗众取宠的资讯娱乐节目，而所有这一切都是为了完成紧迫的短期目标，即提高收视率以达到广告赞助商的要求。

当然，这一切的最终结果就是整个新闻业的沉沦。新闻业正在大量地流失观众，人们已经开始不断逃离喧嚣的、空话连篇的、将一些司空见惯的事情夸大成“爆炸新闻”“突发事件”的传统新闻行业，转向了网络社交媒体，那里才是媒体人的安乐窝。耶林希望这一切能够有所改变。

离开 CNN 后，耶林花了一些时间来仔细思考自己的未来。她深度思考了自己在新闻行业的经历以及整个新闻行业的运作方式，这是她第一次以一个局外人的视角来看待整个新闻行业，并由此发现了一件她身为局内人时未能意识到的奇怪现象——新闻业中女性群体的缺失。

每一个她曾去过的新闻编辑室，全都是由男人管理。在某种程度上，这几乎成了人们司空见惯的事实。女性新闻从业者的才华被贬低，被认为只具有“上镜”的能力，还美其名曰这是因为女性比男性“更好看”。耶林自己就曾经不断收到来自新闻编辑室的反馈，这些反馈全都是关于她在镜头前的表现，诸如镜头中她的头发在风中飘动之类的信息，而与她所报道的新闻事实根本毫无关系。“为什么你的头发会飘来飘去？”当然是因为她正在室外做现场报道，而外面起了风啊！这与新闻本身有什么关系？半点儿关系都没有。

耶林开始针对新闻业提出更多问题，并寻求来自各行各业女性群体的反馈。例如，她们怎么看待新闻？她们平时会看新闻吗？她们喜欢或不喜欢何种新闻？

结果表明，新闻通常会使女性群体感到虚假，并让她们产生紧张和焦虑的情绪，故此大多数女性都不看新闻。也就是说，新闻业推崇的“冲突至上、激烈优先”的规则，对大概一半的人毫无效果。

这是一个惊人的发现。耶林并没有止步于此，而是与领先的教育机构合作，展开了更加深入的研究。研究证明，她之前非正式研究所得出的结果是完全正确的：有 74% 的女性称，她们目前没有观看任何新闻；有 68% 的女性会因观看新闻而焦虑不安；只有低至 23% 的女性会以观看新闻的方式获取信息。

女性群体希望新闻能够给她们提供事实，而非意见；能够提供真正有价值的信息，而不是一味重复。她们还希望新闻能够对事实进行解释，比如如果税收增加或减少，将会如何影响人们的生活，而这一切又意味着什么？她们需要以冷静的态度迅速获得答案，然后作出相应调整，以便更好地生活下去。

耶林由此得知，女性群体其实需要一个由女性领导的新闻编辑室，并且该新闻编辑室要能够将新闻视频直接推送到人们的社交媒体订阅更新中。她将组建一个由斩获艾美奖①和皮博迪奖②的业界精英们所组成的团队，其中需要包括新闻记者、调查记者，以及来自金融、移民、妇女问题、科学、娱乐、文化和政治等各个领域的专家。

新闻媒体目前的业务规模为 1200 亿美元，并且还是在只有少量女性群体观看新闻的情况下。如果新闻能够吸引女性观众，这个数字可能会激增至 2000 亿美元。这是一个 800 亿美元的市场缺口，正等着有人来填补。

耶林正在通过创办 SAGE 的方式来填补该市场缺口。她在这方面的尝试能否吸引足够多的关注，使之成为美国新闻界下一个重要的声音？让我们拭目以待。无论如何，能与她一起亲身作战，尝试颠覆未能成功适应互联网

---

① 艾美奖：美国电视界的最高奖项，其地位如同奥斯卡奖之于电影界一样重要。——编者注

② 皮博迪奖：全球广播电视媒体历史最悠久最具权威的奖项，业界认为皮博迪奖更多关注社会公共事务，艾美奖则偏重娱乐。——编者注

时代的国家新闻机构，对于我们而言，当然是一件十分有趣的事情。

我们公司还在开展另外一个项目，即与一位知名歌手联合推出一个护肤品牌。这个品牌的创建源于我与一家大型电子商务公司的谈话，此次谈话让我从他们那里得知，在如今的 Z 世代消费者中，护肤品销售额的增长极为迅猛。你能猜出何故 Z 世代会成为护肤品的消费主力军吗？我给你一个提示——原因正与本书有关。如果你没猜出来，那不妨让我来揭晓答案：原因正是社交媒体。

如今，20 岁左右的女孩们一天的拍照量甚至超过了她们的妈妈一年的拍照量。这个数据不可谓不惊人，但该数据与我们了解的情况基本一致。由于青少年和年轻人常常在 Instagram 上发布一些他们自己的特写镜头，这就使得他们越来越关注自己的皮肤状况，从而导致护肤品的销售额持续攀升。

因此，我们决定推出一个全新的品牌。该品牌是专为自拍一代而打造的，不仅包含各种护肤产品和面部产品，使消费者永远都能够在镜头前展现他的最佳状态，同时，其积极的品牌形象也完美地契合了 Z 世代的内心和审美。正如你所料，我们将完全以数字营销的方式推出该品牌，我们会与一家电商巨头合作，而不会选择任何传统实体零售商。届时，我们将以一系列的促销活动和形象宣传来推出该品牌，与我们合作的知名歌手会通过 Facebook、YouTube 和 Instagram 等社交媒体将此类信息推向数千万受众，我们的电子商务合作伙伴也将在其平台上进行推广和促销。待本书出版发行时，我们很可能已经将该品牌投放到市场上了，如果一切都能按计划执行，你现在应该能够确切地知道我在此描述的是哪一个品牌了。我迫不及待地想知道你的看法。

自超级分享力公司成立以来，唯一从未改变过的，就是我们不断变化和不断重新开始的能力。我想要告诉你的是，你也应该擦亮眼睛，不断为你所感兴趣的领域或者你的品牌寻找突破的机会，因为无论你的品牌规模大小如何，机会仍然还很多。

由于在互联网世界中，所有事物都在迅速发展，因此你同样需要保持一个不断发展的状态。请记住，始终向成功人士学习，不断研究社交媒体平台上所发生的各种事件，向杰伊·谢蒂这样的社交媒体明星、美元剃须俱乐部这样的创新品牌以及 Poppy 这样的逆向而行者学习。

想要保持领先于互联网的时代精神并非易事，因为它需要你保持一个永不停歇、不断迭代的状态，但是借助本书所提供的工具，我想你已经为应对这一挑战做好了充分的准备。在超级分享力公司里，我们一直都在尽全力保持创新的优势，只有这样才能使我们公司始终充满活力。正如我们的一位顾问自豪地称:“超级分享力公司总能做到准确地奔向未来，而不是站在现在。”我希望通过阅读本书，你同样能够达到这种水平。

未来，属于终身学习者

我这辈子遇到的聪明人（来自各行各业的聪明人）没有不每天阅读的——没有，一个都没有。巴菲特读书之多，我读书之多，可能会让你感到吃惊。孩子们都笑话我。他们觉得我是一本长了两条腿的书。

——查理·芒格

互联网改变了信息连接的方式；指数型技术在迅速颠覆着现有的商业世界；人工智能已经开始抢占人类的工作岗位……

未来，到底需要什么样的人才？

改变命运唯一的策略是你要变成终身学习者。未来世界将不再需要单一的技能型人才，而是需要具备完善的知识结构、极强逻辑思考力和高感知力的复合型人才。优秀的人往往通过阅读建立足够强大的抽象思维能力，获得异于众人的思考和整合能力。未来，将属于终身学习者！而阅读必定和终身学习形影不离。

很多人读书，追求的是干货，寻求的是立刻行之有效的解决方案。其实这是一种留在舒适区的阅读方法。在这个充满不确定性的年代，答案不会简单地出现在书里，因为生活根本就没有标准确切的答案，你也不能期望过去的经验能解决未来的问题。

而真正的阅读，应该在书中与智者同行思考，借他们的视角看到世界的多元性，提出比答案更重要的好问题，在不确定的时代中领先起跑。

湛庐阅读 App：与最聪明的人共同进化

有人常常把成本支出的焦点放在书价上，把读完一本书当作阅读的终结。其实不然。

时间是读者付出的最大阅读成本

怎么读是读者面临的最大阅读障碍

“读书破万卷”不仅仅在“万”，更重要的是在“破”！

现在，我们构建了全新的“湛庐阅读”App。它将成为你“破万卷”的新居所。在这里：

- 不用考虑读什么，你可以便捷找到纸书、电子书、有声书和各种声音产品；
- 你可以学会怎么读，你将发现集泛读、通读、精读于一体的阅读解决方案；
- 你会与作者、译者、专家、推荐人和阅读教练相遇，他们是优质思想的发源地；
- 你会与优秀的读者和终身学习者为伍，他们对阅读和学习有着持久的热情和源源不绝的内驱力。

从单一到复合，从知道到精通，从理解到创造，湛庐希望建立一个“与最聪明的人共同进化”的社区，成为人类先进思想交汇的聚集地，与你共同迎接未来。

与此同时，我们希望能够重新定义你的学习场景，让你随时随地收获有内容、有价值的思想，通过阅读实现终身学习。这是我们的使命和价值。

北京市版权局著作权合同登记号 图字：01-2022-0215

图书在版编目（CIP）数据

打造爆款视频 / （英）蒂姆·斯特普尔斯，（英）乔希·扬著 ；徐烨华译. -- 北京 ：中国财政经济出版社，2022.2

书名原文：Break Through the Noise
ISBN 978-7-5223-1102-9

Ⅰ. ①打… Ⅱ. ①蒂… ②乔… ③徐… Ⅲ. ①网络营销 Ⅳ. ①F713.365.2

中国版本图书馆 CIP 数据核字（2022）第 011077 号

责任编辑：翁晓红　　责任校对：胡永立
封面设计：张永辉　　责任印制：张　健

打造爆款视频
DAZAO BAOKUAN SHIPIN

中国财政经济出版社 出版
URL：http://www.cfeph.cn
E-mail:cfeph@cfemg.cn

社址：北京市海淀区阜成路甲28 号 邮政编码：100142
营销中心电话：010-88191522
天猫网店：中国财政经济出版社旗舰店
网址：https：//zgczjjcbs.tmall.com
石家庄继文印刷有限公司印装 各地新华书店经销
成品尺寸：170mm×230mm　16开　16印张　237 000字
2022年2月第1版　2022年2月河北第1次印刷
定价：79.90元
ISBN 978-7-5223-1102-9
（图书出现印装问题，本社负责调换，电话：010-88190548）
本社图书质量投诉电话：010-88190744
打击盗版举报热线：010-88191661　QQ：2242791300